Estudios Bíblicos para Niños
1 y 2 SAMUEL

PUBLICACIONES

Niños
Primero

LENEXA, KANSAS (EUA)

© 2010 Nazarene Publishing House

ISBN 978-1-56344-558-3

Editora de la versión en inglés: Kimberly D. Adams
Editora jefe del esgrima infantil: Jenni Monteblanco
Editor ejecutivo de las versiones aparte del inglés: Scott Stargel
Comité editorial: Dan Harris, Anya Motley, Nate Owens, Beula Postlewait
Traductores: Eduardo y Gladys Aparicio

Originalmente publicado en inglés con el título:
Children's Bible Studies in 1 and 2 Samuel
Copyright © 2009
Publicado por Beacon Hill Press de Kansas City
Una División de Nazarene Publishing House

Esta edición se publicó mediante un acuerdo
con Nazarene Publishing House
Kansas City, Missouri, EUA
Derechos reservados.

Publicaciones Niños Primero
17001 Prairie Star Parkway
Lenexa, KS 66220 (EUA)
En cooperación con Ministerios de Niños Internacional y Publicaciones Nazarenas Globales.

Todas las citas bíblicas en esta publicación son de la Santa Biblia, Reina Valera 1960.

El primer Esgrima Bíblico Infantil, creado por el Rdo. William Young, se presentó en la Convención General de la Sociedad de Jóvenes Nazarenos de 1968 en Kansas City, Missouri (EUA). Se realizó con tres equipos de demostración del Distrito Kansas City: Kansas City First, Kansas City St. Paul's y Overland Park.

tabla de puntaje

¡Bienvenido!

¡Bienvenido a los *Estudios Bíblicos para Niños: 1 y 2 Samuel*! En esta colección de estudios bíblicos, los niños aprenden acerca de la santidad de Dios y su fidelidad hacia su pueblo, aun cuando éste hacía una mala decisión.

Estudios Bíblicos para Niños: 1 y 2 Samuel es uno de seis libros de la serie *Estudios Bíblicos para Niños*. Con la ayuda de estas lecciones, los niños empiezan a comprender la cronología bíblica y el significado de los eventos bíblicos. A medida que los niños aprenden acerca de la vida de los personajes en estos estudios, descubren el amor de Dios por toda la gente y el lugar que ellos ocupan en los planes divinos. A menudo Dios usa milagros para cumplir sus propósitos. Sin embargo, él prefiere trabajar con gente para realizar lo que desea hacer.

La filosofía de los *Estudios Bíblicos para Niños* es ayudarles a entender lo que dice la Biblia, aprender cómo Dios ayudaba a la gente, y conocer a Dios por medio de una relación con él. Esto incluye estudio bíblico, memorización de versículos y la aplicación de las enseñanzas bíblicas a situaciones reales de la vida.

En los *Estudios Bíblicos para Niños* usamos la versión Reina Valera 1960 de la Biblia.

LIBROS

Veremos a continuación una breve descripción de los libros de esta serie y la forma en que interaccionan entre sí.

Génesis proporciona el fundamento. Este libro relata cómo Dios de la nada creó el mundo, formó al hombre y a la mujer, y creó un hermoso huerto como hogar para ellos. Estas personas pecaron y Dios los castigó por eso. Génesis presenta el plan divino para reconciliar la relación rota entre Dios y la gente. Presenta a Adán, Eva, Noé, Abraham, Isaac y Jacob. Dios hizo un pacto con Abraham (en Génesis 15) y lo renovó con Isaac y Jacob. Génesis concluye con la historia de José cuando salva a la civilización de la hambruna y el pueblo de Dios se traslada a Egipto.

Éxodo narra cómo Dios continuó manteniendo la promesa que le hizo a Abraham en Génesis 15. Dios rescató a los israelitas de la esclavitud en Egipto. Jehová escogió a Moisés para que guiara a los israelitas. Dios estableció su reinado sobre los israelitas. Él los guió y gobernó mediante el establecimiento del sacerdocio y el tabernáculo, los Diez Mandamientos y otras leyes, los profetas y los jueces. Al final de Éxodo, sólo una parte del pacto de Jehová se había cumplido.

Josué/Jueces/Rut relatan cómo Dios cumplió su pacto iniciado en Génesis 15. Finalmente los israelitas conquistaron la tierra que Dios le prometió a Abraham y se establecieron en ella. Los profetas, los sacerdotes, la ley y los rituales de adoración declaraban que Dios era el Señor y Rey de los israelitas. Las 12 tribus de Israel se establecieron en la tierra prometida. Este estudio resalta a los siguientes jueces: Débora, Gedeón y Sansón.

En **1 y 2 Samuel**, los israelitas quisieron un rey porque las otras naciones tenían rey. Estos libros relatan acerca de Samuel, Saúl y David. Jerusalén llegó a ser el centro de la nación unida de Israel. Este estudio muestra cómo la gente reacciona en diferentes maneras cuando es confrontada por sus pecados. Mientras que Saúl culpaba a otros o daba una excusa, David admitió su pecado y pidió perdón a Dios.

Mateo es el punto central de toda la serie. Se enfoca en el nacimiento, la vida y el ministerio de Jesús. Todos los libros previos apuntaban a Jesús como el Hijo de Dios y el Mesías. Jesús marcó el inicio de una nueva era y los niños aprenden al respecto en varios eventos en la vida de Jesús: sus enseñanzas, su muerte, su resurrección y la instrucción a sus discípulos. Ahora, Dios proveyó una manera para que la gente pudiera tener una relación con él por medio de Jesús.

En el principio de **Hechos**, Jesús ascendió al cielo y Dios envió al Espíritu Santo para que ayudara a la iglesia. Las buenas nuevas de la salvación por medio de Jesús se difundieron a muchas partes del mundo. Los creyentes predicaron el evangelio a los gentiles y se empezó la obra misionera. El mensaje del amor de Dios transformaba tanto a judíos como a gentiles. Hay una conexión directa entre los esfuerzos evangelísticos del apóstol Pablo y de Pedro con la vida de la gente hoy en día.

CICLO

Se sugiere el siguiente ciclo de estudios específicamente para los que participarán en el aspecto opcional del Esgrima de los *Estudios Bíblicos para Niños*.

1 y 2 Samuel (2010-2011)

Mateo (2011-2012)

* Hechos (2012-2013)

Génesis (2013-2014)

Éxodo (2014-2015)

Josué/Jueces/Rut (2015-2016)

* 1 y 2 Samuel (2016-2017)

* *Indica un año cuando se realiza el Esgrima Bíblico Mundial.*

HORARIO

Los *Estudios Bíblicos para Niños* tienen 20 lecciones. Designe de 60 a 120 minutos para el tiempo de clase. El siguiente horario es una sugerencia para cada estudio:

+ 15 minutos para la Actividad.

+ 30 minutos para la Lección Bíblica

+ 15 minutos para el Versículo Para Memorizar

+ 30 minutos para Actividades Adicionales (opcional)

+ 30 minutos para las Preguntas para la Competencia (opcional)

PREPÁRESE

Una buena preparación de cada estudio es importante. Los niños prestan más atención y entienden mejor el estudio si el maestro lo prepara bien y lo presenta bien. En cada lección, el texto que aparece en **letras negritas** indica las palabras sugeridas para que el maestro diga a los niños. Los siguientes pasos son directrices para el maestro al preparar cada estudio.

Paso 1: Panorama Rápido. Lea el Versículo para Memorizar, la Verdad Bíblica, el Propósito y las Sugerencias para la Enseñanza.

Paso 2: Pasaje Bíblico y Comentario Bíblico. Lea los versículos del pasaje bíblico para la lección y la información del Comentario Bíblico, incluyendo las Palabras Relacionadas con Nuestra Fe, Personajes, Lugares y Objetos.

Paso 3: Actividad. Esta sección incluye un juego u otra actividad a fin de preparar a los niños para la lección bíblica. Familiarícese con la actividad, las instrucciones y los materiales. Lleve a la clase los materiales que necesite y, antes que lleguen los niños, prepare el salón para la actividad.

Paso 4: Lección Bíblica. Repase la lección y apréndala de manera que pueda relatarla como una historia. Los niños quieren que el maestro narre la historia en vez de que lea del libro. Use las Palabras Relacionadas con Nuestra Fe, Personajes, Lugares y Objetos de cada lección, proporcionando así información adicional a medida que relate la historia. Después de ésta, use las preguntas provistas. Éstas ayudarán a los niños a comprender la historia y luego aplicarla a sus vidas.

Paso 5: Versículo para Memorizar. Aprenda el versículo para memorizar para que pueda enseñarlo a los niños. En las páginas 127 encontrará una lista de los versículos para memorizar y actividades sugeridas para la memorización. Escoja de allí actividades para ayudar a los niños a aprender los textos bíblicos. Familiarícese con la actividad que elija. Lea las instrucciones y prepare los materiales. Lleve esos materiales a la clase.

Paso 6: Actividades Adicionales. Éstas son una parte opcional del estudio. Estas actividades reforzarán el estudio bíblico de los niños. Muchas de ellas requieren materiales, recursos y tiempo adicionales. Familiarícese con las actividades que elija. Lea las instrucciones y prepare los materiales. Lleve los recursos necesarios a la clase.

Paso 7: Práctica para el Esgima. El esgrima es la parte de competencia de los *Estudios Bíblicos para Niños*. Es una parte opcional del estudio. Si deciden participar en el Esgrima, dedique tiempo para preparar a los niños. Se proveen preguntas de práctica para cada estudio. Las primeras 10 preguntas son para el nivel básico de competencia. Hay tres posibles respuestas para cada pregunta y estas preguntas son más simples. Las siguientes 10 preguntas son para el nivel avanzado de competencia. Hay cuatro posibles respuestas para cada pregunta y estas preguntas son más extensas. Con la ayuda de su maestro, los niños eligen su nivel para la competencia. En base al número de niños y los recursos disponibles, usted puede decidir si ofrecerá sólo el nivel básico o sólo el nivel avanzado. Antes de leerles las preguntas de práctica, léales a los niños el pasaje bíblico.

Esgrima bíblico infantil

El Esgrima Bíblico Infantil es una parte opcional de los *Estudios Bíblicos para Niños*. Cada iglesia y cada niño o niña decide si participará en una serie de eventos competitivos.

Las competencias de Esgrima siguen las reglas que se describen en este libro. Los niños no compiten entre sí para determinar a un ganador. Las iglesias no compiten entre sí para determinar a una ganadora.

El propósito del Esgrima es que ayude a los niños a determinar lo que aprendieron acerca de la Biblia, disfrutar de los eventos de competencia y crecer en su capacidad para mostrar actitudes y conductas cristianas durante los eventos competitivos.

En el Esgrima, cada niño o niña se desafía a sí mismo o a sí misma a fin de alcanzar un nivel digno de premio. En este acercamiento, los niños compiten contra una base de conocimiento, no unos contra otros. El Esgrima usa un acercamiento de opciones múltiples, permitiendo que cada participante responda todas las preguntas. Las preguntas con opciones múltiples ofrecen varias respuestas, y el niño escoge la correcta. Este acercamiento hace posible que todos los niños resulten ganadores.

MATERIALES PARA EL ESGRIMA

Cada niño necesita números en el Esgrima para responder las preguntas. Los números para el Esgrima son cuatro cuadrados de cartón, cada uno de los cuales tiene una etiqueta en el extremo superior con los números 1, 2, 3 y 4 respectivamente. Los números entran en una caja de cartón.

Las cajas y los números de cartón para el Esgrima, como se ven aquí, se pueden comprar del Nazarene Publishing House en Kansas City, Missouri, Estados Unidos.

Si en su área no consigue las cajas y los números para el Esgrima, puede hacer sus propios números usando cartulina, platos de cartón, madera o el material que tenga disponible. Cada niño necesita un juego de números para el Esgrima.

Cada grupo de niños necesitará a una persona para que anote los puntos por sus respuestas. En la página 132 hay una hoja para puntaje de la cual pueden hacer copias. Use esta hoja para puntaje para mantener registro de las respuestas de cada niño.

Si es posible, entregue algún tipo de premio por el desempeño de los niños en cada competencia de Esgrima. Los premios que sugerimos son: certificados, ilustraciones adhesivas (pegatinas), cintas, trofeos o medallas.

Reglas y procedimientos oficiales del esgrima infantil

Por favor, sigan estas reglas. Las competencias que no se realicen de acuerdo con las *Reglas y Procedimientos Oficiales del Esgrima Infantil* no calificarán para otros niveles de competencia.

EDADES Y GRADOS ESCOLARES

Los niños del 1° al 6° grado* pueden participar en las competencias de Esgrima Infantil. Los que estén en 7° grado, no importa su edad, participan en el Esgrima de Adolescentes.

ESGRIMA – NIVEL BÁSICO

Este nivel de competencia es para los esgrimistas menores o los que recién empiezan. Los esgrimistas mayores que prefieran un nivel más fácil de competencia también pueden participar en el Nivel Básico. Las preguntas del Nivel Básico son más simples. Hay tres respuestas para cada pregunta, con un total de 15 preguntas en cada vuelta. El director distrital o regional de Esgrima Infantil determina las preguntas y el número de vueltas en cada competencia. La mayoría de las competencias tienen dos o tres vueltas.

ESGRIMA – NIVEL AVANZADO

Este nivel de competencia es para esgrimistas mayores o con experiencia. Los esgrimistas menores que deseen un desafío mayor pueden participar en el Nivel Avanzado. Las preguntas para el Nivel Avanzado son más extensas. Hay cuatro posibles respuestas para cada pregunta, con un total de 20 preguntas en cada vuelta. El director distrital o regional de Esgrima Infantil determina las preguntas y el número de vueltas en cada competencia de Esgrima.

CAMBIO ENTRE NIVELES

Los niños pueden cambiar entre el Nivel Básico y el Nivel Avanzado sólo para las competencias de

---

*Información para otros países: En los Estados Unidos, los grados 1°-6° corresponden generalmente a 6-12 años de edad.

Esgrima por Invitación. Esto ayuda a los líderes y a los niños a determinar cuál es el mejor nivel para cada niño.

Para las competencias de zona/área, distrital y regional, el director local debe inscribir a cada niño ya sea para el Nivel Básico o el Nivel Avanzado. El niño tiene que participar en el mismo nivel durante las competencias de zona/área, distrital y regional.

TIPOS DE COMPETENCIA

Competencia por Invitación

Una competencia por invitación se realiza entre dos o más iglesias. Los directores locales de Esgrima Infantil, directores de zona/área de Esgrima Infantil, o directores distritales de Esgrima Infantil pueden organizar competencias por invitación. Las personas que organicen una competencia por invitación tienen la responsabilidad de preparar las preguntas para la competencia.

Competencia de Zona/Área

Cada distrito puede tener agrupaciones más pequeñas de iglesias que se denominan zonas. Si una zona tiene más esgrimistas que otra, el director distrital de Esgrima Infantil puede separar o combinar las zonas para crear áreas con una distribución más equitativa de esgrimistas. El término "área" significa que las zonas se han combinado o dividido.

Las iglesias ubicadas en cada zona/área compiten en esa zona/área. El director distrital de Esgrima Infantil organiza la competencia.

En las competencias de zona/área se usan las preguntas oficiales. Envíe un mensaje electrónico a ChildQuiz@nazarene.org para solicitar estas preguntas a la Oficina General de Esgrima Infantil.

Competencia Distrital

Los niños avanzan de la competencia de zona/área a la competencia de distrito. El director distrital de Esgrima Infantil determina las cualificaciones para la competencia y la organiza.

En las competencias distritales se usan las preguntas oficiales. Envíe un mensaje electrónico a ChildQuiz@nazarene.org para solicitar estas preguntas a la Oficina General de Esgrima Infantil.

Competencia Regional

La competencia regional se realiza entre dos o más distritos.

Cuando hay un director regional de Esgrima Infantil, él o ella determina las cualificaciones para la competencia y la organiza. Si no hay un director regional, los directores de los distritos participantes organizan la competencia.

En las competencias regionales se usan las preguntas oficiales. Envíe un mensaje electrónico a ChildQuiz@nazarene.org para solicitar estas preguntas a la Oficina General de Esgrima Infantil.

Competencia Mundial de Esgrima

Cada cuatro años, la Oficina de Ministerios de Niños Internacional patrocina un Esgrima Mundial. Ministerios de Niños Internacional determina las fechas, los lugares, los costos, las fechas de las eliminatorias, y el proceso eliminatorio general para todas las competencias de Esgrima Mundial.

DIRECTOR DISTRITAL DE ESGRIMA INFANTIL

El director distrital de Esgrima Infantil realiza todas las competencias de acuerdo con las *Reglas y Procedimientos Oficiales del Esgrima Infantil*. Él o ella tiene la autoridad para agregar procedimientos adicionales de Esgrima en el distrito, siempre y cuando no estén en conflicto con las *Reglas y Procedimientos Oficiales del Esgrima Infantil*. Cuando es necesario, el director distrital de Esgrima Infantil se pone en contacto con la Oficina General de Esgrima Infantil, en Ministerios de Niños Internacional, para solicitar un cambio específico en las *Reglas y Procedimientos Oficiales del Esgrima Infantil* para un distrito. El director distrital de Esgrima Infantil hace decisiones y resuelve problemas dentro de las directrices de las *Reglas y Procedimientos Oficiales del Esgrima Infantil*. Si es necesario, el director distrital de Esgrima Infantil se pone en contacto con la Oficina General de Esgrima Infantil para solicitar una decisión oficial respecto a una situación específica.

DIRECTOR REGIONAL DE ESGRIMA INFANTIL

El director regional de Esgrima Infantil crea un equipo regional de liderazgo de Esgrima Infantil, que consiste de todos los directores distritales de Esgrima Infantil en la región. El director regional de Esgrima Infantil permanece en contacto con este equipo para que los procedimientos se mantengan consistentes en toda la región. Él o ella realiza y organiza las competencias regionales de acuerdo con las *Reglas y Procedimientos Oficiales del Esgrima Infantil*. El director regional de Esgrima Infantil se pone en contacto con la Oficina General de Esgrima Infantil, en Ministerios de Niños Internacional, para solicitar cualquier cambio en las *Reglas y Procedimientos Oficiales del Esgrima Infantil* para una región específica. Ante cualquier conflicto que pudiera surgir, él o ella lo resuelve aplicando las directrices de las *Reglas y Procedimientos Oficiales del Esgrima Infantil*. Si es necesario, el director regional de Esgrima Infantil se pone en contacto con la Oficina General de Esgrima Infantil para solicitar una decisión oficial respecto a una situación específica. Él o ella se pone en contacto con la Oficina General de Esgrima Infantil para incluir la fecha del esgrima regional en el calendario de la iglesia general.

En los Estados Unidos y Canadá, el cargo de director regional de Esgrima Infantil es un puesto en desarrollo. Actualmente esa persona no preside sobre los directores distritales de Esgrima Infantil en la región.

MODERADOR DEL ESGRIMA

El moderador lee las preguntas en la competencia de Esgrima. El moderador lee dos veces la pregunta y las respuestas de opción múltiple antes que los niños respondan la pregunta. Él o ella sigue las *Reglas y Procedimientos Oficiales del Esgrima Infantil* establecidos por la Oficina General de Esgrima Infantil y el director distrital/coordinador regional de Esgrima Infantil. En caso de un conflicto, la autoridad final es el director distrital/regional de Esgrima Infantil, quien consulta las *Reglas y Procedimientos Oficiales del Esgrima Infantil*. El moderador puede participar en diálogos con los anotadores del puntaje y el director distrital/regional de Esgrima Infantil respecto a un cuestionamiento. El moderador puede establecer un receso.

ANOTADOR DEL PUNTAJE

El anotador del puntaje lleva registro de las respuestas de un grupo de niños. Él o ella puede participar en diálogos con los anotadores del puntaje y el director distrital/regional de Esgrima Infantil respecto a un cuestionamiento. Todos los anotadores del puntaje deben usar el mismo método y los mismos símbolos para asegurar el conteo correcto de los puntos.

PREGUNTAS OFICIALES DEL ESGRIMA

El director distrital de Esgrima Infantil es la única persona en el distrito que puede obtener una copia de las preguntas oficiales de la competencia de zona/área y distrito.

El director regional de Esgrima Infantil es la única persona en la región que puede obtener una copia de las preguntas oficiales de la competencia regional. Si no hay un director regional de Esgrima Infantil, un director distrital de Esgrima Infantil que esté participando puede obtener una copia de las preguntas oficiales de la competencia regional.

Cada año, en el mes de diciembre, se enviarán por correo electrónico los formularios para solicitar las preguntas oficiales anuales. Contacte la Oficina General de Esgrima Infantil en ChildQuiz@nazarene.org para actualizar su dirección electrónica. A quienes las soliciten, las preguntas oficiales les llegarán por correo electrónico a mediados de enero.

MÉTODOS DE COMPETENCIA

Hay dos métodos de competencia.

Método Individual

En el método individual de competencia, los niños compiten como individuos. El puntaje de cada niño está separado de todos los demás puntajes. Los niños de una misma iglesia pueden sentarse juntos, pero los puntajes individuales no se suman para obtener un puntaje como iglesia o equipo. No hay preguntas adicionales para los esgrimistas individuales.

El método individual es el único que se puede usar para la competencia de Nivel Básico.

Método Combinado

El método combinado une el esgrima individual y el de equipo. En este método, las iglesias pueden enviar esgrimistas individuales, equipos o una combinación a la competencia.

El director distrital de Esgrima Infantil determina el número de niños que se necesitan para formar un equipo. Todos los equipos deben tener el mismo número de esgrimistas. El número de niños que se recomienda para un equipo es cuatro o cinco.

Los niños de iglesias que no tienen suficientes esgrimistas para formar un equipo, pueden competir como esgrimistas individuales.

En el método combinado, los equipos califican para preguntas adicionales. Los puntos adicionales, otorgados por una respuesta correcta a una pregunta adicional, llegan a ser parte del puntaje total del equipo en vez de contarse como puntaje individual de un esgrimista. Hay preguntas adicionales con las preguntas oficiales para las competencias de zona/área, distrital y regional. Generalmente las preguntas adicionales consisten en decir un versículo de memoria.

El director distrital de Esgrima Infantil selecciona ya sea el método individual o el método combinado para la competencia de Nivel Avanzado.

EMPATES

Cuando esgrimistas individuales o equipos obtienen el mismo puntaje final, nunca se hace el desempate. Todos los esgrimistas individuales o equipos que empaten reciben el mismo reconocimiento, el mismo premio y avanzan igualmente al siguiente nivel del Esgrima.

PREGUNTAS ADICIONALES

Las preguntas adicionales son parte del Nivel Avanzado, pero solamente con equipos, no individuos. Los equipos deben calificar para una pregunta adicional. Las preguntas adicionales se hacen después de las preguntas 5, 10, 15 y 20.

A fin de calificar para una pregunta adicional, un equipo sólo puede tener tantas respuestas incorrectas como el número de miembros que hay en el equipo. Por ejemplo, un equipo de cuatro miembros puede tener cuatro o menos respuestas incorrectas. Un equipo de cinco miembros puede tener cinco o menos respuestas incorrectas.

Los puntos adicionales por una respuesta correcta llegan a ser parte del puntaje total del equipo, no del puntaje individual del niño.

El director distrital de Esgrima Infantil determina la manera en que los niños responden las preguntas adicionales. En la mayoría de los casos, el niño da la respuesta oralmente al anotador del puntaje.

Antes que se lea la pregunta adicional, el director local de Esgrima Infantil escoge a un miembro del equipo para que responda la pregunta adicional. El mismo niño puede responder todas las preguntas adicionales en una competencia, o un niño diferente puede responder cada pregunta adicional.

RECESOS

El director distrital de Esgrima Infantil determina el número de recesos para cada iglesia. Cada iglesia recibe el mismo número de recesos, sin importar el número de esgrimistas individuales o equipos que tenga esa iglesia. Por ejemplo, si el director distrital decide dar un receso, cada iglesia recibe un receso.

El director distrital de Esgrima Infantil determina si habrá un receso automático durante la competencia, y el momento específico en que se dará el receso en cada competencia.

El director local de Esgrima Infantil es la única persona que puede pedir un receso para el equipo de una iglesia local.

El director distrital de Esgrima Infantil o el moderador puede pedir un receso en cualquier momento.

El director distrital de Esgrima Infantil, antes que empiece la competencia, determina la duración del receso para la competencia. Todos los recesos deben tener la misma duración.

PUNTAJE

Hay dos métodos para ganar puntos. El director distrital de Esgrima Infantil selecciona el método.

Cinco Puntos

+ Dar cinco puntos por cada respuesta correcta. Por ejemplo, si un niño responde correctamente 20 preguntas en una vuelta de Nivel Avanzado, el niño gana un total de 100 puntos.

+ Dar cinco puntos por cada respuesta adicional correcta en una vuelta de Nivel Avanzado de Esgrima en equipo. Por ejemplo, si cada miembro de un equipo de cuatro personas responde correctamente 20 preguntas en una vuelta de Nivel Avanzado, y el equipo responde correctamente cuatro preguntas adicionales, el equipo gana un total de 420 puntos.

En el Nivel Básico se ganan menos puntos porque sólo hay 15 preguntas en cada vuelta, y solamente es una competencia individual.

Un Punto

+ Dar un punto por cada respuesta correcta de la siguiente manera:

+ Dar un punto por cada respuesta correcta. Por ejemplo, si un niño responde correctamente 20 preguntas en una vuelta de Nivel Avanzado, el niño gana un total de 20 puntos.

Dar un punto por cada respuesta adicional correcta en una vuelta de Nivel Avanzado de Esgrima en equipo. Por ejemplo, si cada miembro de un equipo con cuatro personas responde correctamente 20 preguntas en una vuelta de Nivel Avanzado, y el equipo responde correctamente cuatro preguntas adicionales, el equipo gana un total de 84 puntos.

En el Nivel Básico se ganan menos puntos porque sólo hay 15 preguntas en cada vuelta, y solamente es una competencia individual.

CUESTIONAMIENTOS

Los cuestionamientos deben ser una excepción y no son comunes durante una competencia.

Presente un cuestionamiento sólo cuando la respuesta marcada como correcta en las preguntas es realmente incorrecta de acuerdo con la referencia bíblica dada para esa pregunta. Los cuestionamientos presentados por cualquier otra razón son inválidos.

Un esgrimista, director de esgrima, o cualquier otro participante en la competencia no puede presentar un cuestionamiento porque le desagrade la redacción de una pregunta o respuesta, o porque piense que una pregunta es demasiado difícil o confusa.

El director local de Esgrima Infantil es la única persona que puede presentar el cuestionamiento de una pregunta de la competencia.

Si una persona, que no sea el director local de Esgrima Infantil, intenta presentar un cuestionamiento, éste automáticamente se considera como "inválido".

Las personas que presentan cuestionamientos inválidos interrumpen la competencia y causan que los niños pierdan la concentración. Las personas que continuamente presenten cuestionamientos inválidos, o creen problemas discutiendo acerca de la decisión respecto a un cuestionamiento, perderán su privilegio de cuestionar preguntas por el resto de la competencia.

El director distrital de Esgrima Infantil, o el moderador en caso de ausencia del director distrital de Esgrima Infantil, tiene la autoridad para quitar el privilegio de cuestionar preguntas a alguna persona o a todas las personas que abusen de ese privilegio.

El director distrital de Esgrima Infantil determina cómo cuestionar una pregunta de la competencia antes del inicio de la competencia.

¿Será el cuestionamiento escrito o verbal?

¿Cuándo puede una persona cuestionar (durante una competencia o al final de ésta?

En el inicio del año de esgrima, el director distrital de Esgrima Infantil debe explicar a los directores locales de Esgrima Infantil el procedimiento para presentar cuestionamientos.

El moderador y el director distrital de Esgrima Infantil seguirán los siguientes pasos para decidir respecto al cuestionamiento:

+ Determinen si el cuestionamiento es válido o inválido. Para hacerlo, escuchen la razón del cuestionamiento. Si la razón es válida, es decir, la respuesta dada como la respuesta correcta es incorrecta de acuerdo con la referencia bíblica, sigan los procedimientos para cuestionamientos que el distrito ha formulado.

+ Si la razón del cuestionamiento es inválida, anuncien que el cuestionamiento es inválido y la competencia continúa.

Si más de una persona cuestiona la misma pregunta, el moderador o el director distrital de Esgrima selecciona a un director local de Esgrima para que explique la razón del cuestionamiento. Después que una pregunta tiene un cuestionamiento, otra persona no puede cuestionar la misma pregunta.

Si un cuestionamiento es válido, el director distrital de Esgrima Infantil, o el moderador en caso de que esté ausente el director, determina cómo proceder con la pregunta cuestionada. Elija una de las siguientes opciones:

Opción A: Eliminar la pregunta y no remplazarla. El resultado es que una competencia de 20 preguntas será sólo de 19 preguntas.

Opción B: Dar a cada niño los puntos que él o ella recibiría por una respuesta correcta a la pregunta cuestionada.

Opción C: Remplazar la pregunta cuestionada. Hacer una pregunta nueva a los esgrimistas.

Opción D: Dejar que los niños que dieron la respuesta que aparecía como la respuesta correcta en las preguntas oficiales conserven sus puntos. Dar otra pregunta a los niños que dieron una respuesta incorrecta.

NIVELES DE PREMIOS

El Esgrima Infantil tiene la filosofía de que todo niño tiene una oportunidad de responder a todas las preguntas, y que todo niño recibe reconocimiento por todas las respuestas correctas que da. Por tanto, el Esgrima Infantil usa competencias de opciones múltiples, y los empates nunca se deshacen.

Los niños y las iglesias no compiten entre sí. Compiten para alcanzar un nivel de premiación. Todos los niños y todas las iglesias que alcanzan el mismo nivel de premiación, reciben el mismo premio. Los empates nunca se deshacen.

Niveles de Premios que se Recomiendan:

+ *Premio de Bronce =*
  70-79% de respuestas correctas

+ *Premio de Plata =*
  80-89% de respuestas correctas

+ *Premio de Oro =*
  90-99% de respuestas correctas

+ *Premio Estelar de Oro =*
  100% de respuestas correctas

Hagan todas las decisiones sobre puntajes y cuestionamientos antes de entregar los premios. El moderador y los anotadores de puntaje deben estar seguros de que todos los puntajes finales son correctos antes de la entrega de premios.

Nunca le quiten el premio a un niño después que éste lo haya recibido. Si hay un error, los niños pueden recibir un premio superior, pero no un premio inferior. Esto se aplica a los premios individuales y a los premios de equipos.

ÉTICA EN LA COMPETENCIA

El director distrital de Esgrima Infantil es la persona en el distrito que tiene la responsabilidad de realizar las competencias de acuerdo con las *Reglas y Procedimientos Oficiales del Esgrima Infantil.*

1. Escuchar las Preguntas Antes de la Competencia. Puesto que las competencias usan las mismas preguntas, no es apropiado que los niños y trabajadores asistan a otra competencia de zona/área, distrital o regional antes de participar en su propia competencia del mismo nivel. Si un trabajador adulto de Esgrima asiste a otra competencia, el director distrital de Esgrima Infantil puede hacer la decisión de descalificar a la iglesia de participar en su competencia. Si un padre y/o niño asiste a otra competencia, el director distrital de Esgrima Infantil puede hacer la decisión de descalificar a la iglesia de participar en su competencia.

2. Conducta y Actitudes del Trabajador. Los adultos deben comportarse en una manera profesional y cristiana. Los diálogos respecto a desacuerdos con el director distrital de Esgrima Infantil, el moderador o los anotadores de puntaje deben realizarse en privado. Los trabajadores adultos de Esgrima no deben compartir con los niños información acerca del desacuerdo. Una actitud de cooperación y buen espíritu deportivo son importantes. Las decisiones y los fallos del director distrital de Esgrima Infantil son finales. Comunique estas decisiones en un tono positivo a los niños y adultos.

TRAMPA

Hacer trampa es algo serio. Trátelo seriamente.

El director distrital de Esgrima Infantil, en diálogo con el Concilio de Ministerios de Niños del distrito, determina el procedimiento a seguir en caso de que un niño o un adulto haga trampa durante una competencia.

Asegúrese de que todos los directores locales de ministerios de niños, los pastores de niños y los directores locales de Esgrima Infantil reciban las reglas y procedimientos del distrito.

Antes de acusar a un adulto o a un niño de haber hecho trampa, tenga pruebas o a un testigo de que hubo trampa.

El siguiente es un modelo de procedimiento. Asegúrese de que el esgrima no se interrumpa y que la persona acusada de hacer trampa no sea avergonzada delante de otros.

+ Si sospecha que un niño hizo trampa, pida a alguien que actúe como juez para observar las áreas, pero no señale a algún niño de quien se sospeche. Después de algunas preguntas, pida la opinión del juez. Si el juez no vio ninguna trampa, continúe con la competencia.

+ Si el juez vio que un niño hacía trampa, pídale al juez que lo confirme. No tome ninguna acción hasta que todos estén seguros.

+ Explique el problema al director local de Esgrima Infantil, y pídale al director que hable en privado con la persona acusada.

+ El moderador, el juez y el director local de Esgrima Infantil deben observar si se continúa haciendo trampa.

+ Si continúan haciendo trampa, el moderador y el director local de Esgrima Infantil deben hablar en privado con la persona acusada.

+ Si continúan haciendo trampa, el moderador debe decirle al director local de Esgrima Infantil que el puntaje del niño será eliminado de la competencia oficial.

+ En el caso de que un anotador de puntaje haga trampa, el director local de Esgrima Infantil le pedirá al anotador que se retire, y otro anotador de puntaje ocupará su lugar.

+ En el caso de que alguien de la audiencia haga trampa, el director distrital de Esgrima Infantil se hará cargo de la situación en la manera más apropiada.

DECISIONES NO RESUELTAS

Consulte con la Oficina General de Esgrima Infantil respecto a decisiones que no se hayan resuelto.

VERSÍCULO PARA MEMORIZAR

"Porque los ojos del Señor están sobre los justos, y sus oídos atentos a sus oraciones; pero el rostro del Señor está contra aquellos que hacen el mal" (1 Pedro 3:12).

VERDAD BÍBLICA

Dios nos cuida y escucha nuestras oraciones.

PROPÓSITO

En esta lección los niños aprenderán que Dios nos ama y desea que le adoremos. La oración es una forma de adorar a Dios. Él escucha nuestras oraciones.

SUGERENCIAS PARA LA ENSEÑANZA

Cuente a los niños acerca del día en que Dios respondió positivamente a su oración. Que no olviden que Dios escucha cada oración que hacemos ante Él. No siempre su respuesta es "sí". Algunas veces es "espera" o "no". Él desea oír la oración de los niños, y no deben dudar en presentarle a Dios cualquier petición.

COMENTARIO BÍBLICO

Lea 1 Samuel 1:1-28; 2:11. Samuel fue un profeta muy importante en un tiempo crucial en la historia de Israel. La vida de Samuel comenzó bajo circunstancias milagrosas.

Ana, la madre de Samuel, tenía problemas para concebir. De acuerdo con su contexto cultural, para ella era una vergüenza no quedar embarazada. Penina, la segunda esposa de su marido, la atormentaba. Ana oró y pidió a Dios un hijo.

La oración de Ana no fue egoísta. Ella deseaba tener un hijo por lo menos por tres razones: para agradar a su esposo, para aliviar su vergüenza, y para que Penina ya no la atormentara. Ana hizo voto para dedicar a su hijo al servicio del Señor.

Dios respondió la oración de Ana dándole un hijo y ella lo dedicó al Señor tal como había prometido. El sacrificio de Ana fue una bendición para ella y para la nación de Israel.

CARACTERÍSTICAS DE DIOS

+ Dios nos escucha cuando oramos.
+ Dios responde nuestras oraciones.

PALABRAS RELACIONADAS A NUESTRA FE

+ La oración es una conversación con Dios que incluye hablar y escuchar. Podemos orar a cualquier hora, donde sea y de lo que sea.

PERSONAJES

+ Elcana era el padre de Samuel.
+ Ana era la esposa de Elcana y madre de Samuel.
+ Penina era la otra esposa de Elcana.
+ Elí era un sacerdote en Silo.

+ **Samuel** era el hijo de Elcana y Ana. Antes de su nacimiento, Ana lo dedicó al Señor.

LUGARES

+ **Ramataim** era el pueblo donde vivían Elcana y Ana. También era conocido con el nombre de Ramá porque era fácil de pronunciar. Estaba situado más o menos a 30 kilómetros (más de 18 millas) al norte de Jerusalén.
+ **Silo** era el pueblo donde se encontraba el Templo.
+ **El Templo** era un lugar o casa de oración. Era un lugar para una congregación numerosa.

ACTIVIDAD

Antes que lleguen los niños, elija un lugar cercano a la clase. Ese lugar puede estar dentro o fuera de la iglesia o del lugar donde generalmente se reúnen, y debe ser lo suficientemente grande como para que entren todos.

Construya allí un altar de piedra que represente el templo en Silo. Allí Elcana y su familia adoraban y ofrecían sacrificios a Jehová.

Dígales: **Hoy día caminaremos. Esto les ayudará a comprender lo que los personajes de la lección de hoy experimentaban.**

Lleve a los niños al lugar que eligió para construir el altar. Allí, usted y los niños canten dos canciones de adoración. Pida que un niño ore a Dios.

Dígales: **En el Antiguo Testamento las personas caminaban distancias grandes para ir al Templo y adorar a Dios. Posiblemente hoy alguno de ustedes tuvo que caminar mucho. Aprenderemos acerca de Elcana, quien llevó a su familia al Templo para adorar y ofrecer sacrificios a Dios. Ellos caminaron más o menos 30 kilómetros (más de 18 millas) para llegar al Templo. Elcana y su familia viajaban sólo una vez al año, porque el Templo les quedaba muy**
lejos. **Hoy hemos caminado a este lugar para adorar y orar a Dios. ¡Podemos adorar y orar a Dios en cualquier tiempo y lugar!**

Vuelvan a la clase.

LECCIÓN BÍBLICA

Antes de enseñarla a los niños, estudie la siguiente historia que es una adaptación de 1 Samuel 1:1-28; 2:11.

Elcana era del pueblo de Ramataim. Tenía dos esposas: Ana y Penina. Penina tenía hijos, pero Ana no tenía hijos.

Cada año Elcana llevaba a su familia a Silo para adorar a Dios en el Templo. El sacerdote era Elí, quien tenía dos hijos que también eran sacerdotes en el Templo. Allí Elcana adoraba y ofrecía sacrificios a Dios. Cuando llegó el tiempo para que Elcana ofreciera sacrificio, dio a Penina y sus hijos e hijas la porción de carne que les correspondía. Pero a Ana le dio una parte escogida, porque la amaba aunque Jehová no le había concedido tener hijos. Penina la irritaba mucho y por eso Ana lloraba y no comía.

En el Templo en Silo, Ana lloró y oró, e hizo una promesa a Dios. Le pidió que le concediera tener un hijo. A cambio, ella dedicaría ese hijo a Dios para que viviera en el Templo de Silo bajo el cuidado del sacerdote Elí. También hizo otro voto: que nadie cortaría el pelo de su hijo. Esta era otra forma en que la gente dedicaba su vida a Dios. Mientras Ana oraba, sólo movía sus labios porque oraba en silencio. Elí, al no saber lo que Ana estaba haciendo, la acusó de estar ebria. Elí le dijo: "¿Hasta cuándo estarás ebria?" Y Ana le respondió: "No, señor mío; yo soy una mujer atribulada de espíritu; no he bebido vino ni sidra, sino que he derramado mi alma delante de Jehová. No tengas a tu sierva por una mujer

impía; porque por la magnitud de mis congojas y de mi aflicción he hablado hasta ahora" (vv. 12-16). Después que ella le dijo a Elí cuál era el motivo de su oración, él la bendijo. Ana se fue y ya no estuvo triste.

Al día siguiente, Elcana y Ana adoraron a Dios y regresaron a su casa en Ramá.

Jehová oyó y respondió la oración de Ana. Ella quedó embarazada y dio a luz un hijo, y le puso por nombre Samuel, diciendo: "Por cuanto lo pedí a Jehová" (v. 20).

Ese año Elcana fue a Silo para ofrecer a Jehová el sacrificio acostumbrado, pero Ana no fue con él. Ella le dijo a Elcana: "Yo no subiré hasta que el niño sea destetado, para que lo lleve y sea presentado delante de Jehová, y se quede allá para siempre" (v. 22). La costumbre era que la madre diera leche materna a su hijo o hija hasta que cumpliera dos o tres años. Elcana estuvo de acuerdo con la decisión de Ana.

Después que Samuel fue destetado, Ana lo llevó al Templo en Silo. Ella le dijo a Elí: "¡Oh, Señor mío! Vive tu alma, señor mío, yo soy aquella mujer que estuvo aquí junto a ti orando a Jehová. Por este niño oraba, y Jehová me dio lo que le pedí. Yo, pues, lo dedico también a Jehová" (vv. 26-27).

Samuel se quedó con Elí en el Templo en Silo. Y Elí lo preparó para servir a Jehová.

Pida a los alumnos que respondan las siguientes preguntas. No hay respuestas falsas o verdaderas. El propósito es ayudar a los niños para que comprendan la historia bíblica y la apliquen a su vida.

1. Elcana caminaba más o menos 30 kilómetros (más de 18 millas) para adorar a Dios. ¿Qué distancia caminas para adorar a Dios?

2. Ana pidió a Dios un hijo. ¿Por qué creyó ella que Dios respondería sus oraciones?

3. ¿Por qué Ana dedicó a su único hijo a Dios? ¿Cómo se sintió ella?

4. ¿Cómo se relaciona el versículo para memorizar, 1 Pedro 3:12, con esta historia?

Diga a sus alumnos: Dios se preocupa por ustedes y escucha sus oraciones. Dígale a Él todo lo que sienten. Él desea escucharlos cuando están preocupados, tristes o contentos. Dios los ama y escucha sus oraciones. En este momento den gracias a Dios por su amor y cuidado. Denle gracias por escuchar sus oraciones.

VERSÍCULO PARA MEMORIZAR

Aprenda el versículo para memorizar. en la página 129 encontrará algunas sugerencias.

ACTIVIDADES ADICIONALES

Elija una de las siguientes opciones para que los niños estudien la Biblia.

1. Compare la experiencia de Ana, cuando oró por un hijo y lo dedicó a Dios, con las experiencias de las siguientes mujeres de la Biblia: Sara (Génesis 17:15—18:5; 21:1-7), Elisabet (Lucas 1:5-25, 57-66), María (Lucas 1:26-38; 2:1-7). Lea a los niños los pasajes bíblicos citados. Pregunte: ¿Cómo reaccionó cada una de ellas cuando supo que tendría un hijo? ¿Cuál es el tipo de fe que mostraron estas mujeres?

2. Para repasar la historia, dígales cuáles fueron las experiencias lindas y las experiencias difíciles en la vida de Ana. Dígales cuáles fueron las experiencias buenas y las difíciles en su vida. Luego, dígales cuáles experiencias en la historia de Ana son de mucha ayuda para usted.

PREGUNTAS PARA LA COMPETENCIA (NIVEL BÁSICO)

Lea 1 Samuel 1:1-28; 2:11 para preparar a los niños y niñas para la competencia.

1 **¿Cuál esposa de Elcana no podía tener hijos? (1:2, 5).**

1. Ana

2. Penina

3. Ninguna de ellas podía tener hijos.

2 **¿A dónde iba Elcana para adorar y ofrecer sacrificios a Dios? (1:3)**

1. Ramá

2. Silo

3. Zofim

3 **¿Qué le dio Elcana a Ana el día en que él iba a ofrecer sacrificio? (1:4-5)**

1. Nada

2. Una parte

3. Una parte escogida

4 **¿Por qué Elcana le daba a Ana una parte escogida? (1:5)**

1. Él la amaba y ella no tenía hijos.

2. Quería que Penina se enojara.

3. Ambas respuestas son correctas.

5 **¿Qué hizo Ana mientras estaba en Silo? (1:10)**

1. Lloró mucho.

2. Oró a Dios.

3. Ambas respuestas son correctas.

6 **¿Qué le prometió Ana a Dios si Él le daba un hijo? (1:11)**

1. Lo dedicaría a Dios.

2. No iba a pasar navaja por su cabeza.

3. Ambas respuestas son correctas.

7 **¿Quién le dijo a Ana: "Vé en paz, y el Dios de Israel te otorgue la petición que le has hecho"? (1:17)**

1. Elcana

2. Penina

3. Elí

8 **¿Cuál es el nombre que le dio Ana a su hijo? (1:20)**

1. Ofni

2. Finees

3. Samuel

9 **Después que Samuel fue destetado, ¿a dónde lo llevó Ana? (1:24)**

1. Al Templo en Belén

2. A la casa de Dios en Silo

3. A las montañas de Efraín

10 **¿Cuánto tiempo dijo Ana que Samuel podría estar en la casa de Dios? (1:28)**

1. 18 años

2. Todos los días que viva

3. 12 años

PREGUNTAS PARA LA COMPETENCIA (NIVEL AVANZADO)

Lea 1 Samuel 1:1-28; 2:11 para preparar a los niños y niñas para la competencia.

1 **¿Qué hacía Elcana en Silo cada año? (1:3)**

1. Visitaba a su familia.

2. Trabajaba en la finca de su hermano.

3. Adoraba y ofrecía sacrificios a Jehová.

4. Todas las respuestas de arriba

2 **¿Cuál parte del sacrificio daba Elcana a Penina? (1:4)**

1. **Lo que le correspondía a ella, así como a cada uno de sus hijos e hijas.**
2. Una doble porción sólo para ella
3. Doble porción para ella, para sus hijos e hijas
4. Nada

3 **¿Por qué Penina irritaba a Ana? (1:6)**

1. Penina quería una doble porción.
2. Penina no podía tener hijos.
3. **Ana no podía tener hijos.**
4. Todas las respuestas de arriba

4 **¿Qué pensó Elí cuando vio a Ana orando? (1:12-13)**

1. Ana estaba durmiendo.
2. Ana oraba en voz muy alta.
3. **Ana estaba ebria.**
4. Ana estaba muy tranquila.

5 **¿Qué le dijo Ana a Elí después que la acusó de estar ebria? (1:15-16)**

1. "Soy una mujer atribulada de espíritu".
2. "He derramado mi alma delante de Jehová".
3. "Por la magnitud de mis congojas y de mi aflicción he hablado hasta ahora".
4. **Todas las respuestas anteriores**

6 **¿Por qué Ana le puso a su hijo el nombre de Samuel? (1:20)**

1. Elí le dijo que le pusiera ese nombre.
2. **Por cuanto lo pidió a Dios.**
3. Era el nombre del padre de Elcana.
4. Era el segundo nombre de Elcana.

7 **¿Cuándo pensaba Ana presentar a Samuel a Dios? (1:22)**

1. A los 12 años
2. Cuando comenzara a caminar.
3. A los 18 años
4. **Después de ser destetado.**

8 **¿Cuánto tiempo viviría Samuel en el Templo? (1:22)**

1. 18 años
2. Hasta que el Señor le dijera
3. **Para siempre**
4. 12 años

9 **¿Quién preparó a Samuel para que sirviera a Jehová? (2:11)**

1. **El sacerdote Elí**
2. Elcana
3. Ofni
4. Finees

10 **Complete la frase del siguiente versículo: "Porque los ojos del Señor están sobre los justos, y sus oídos atentos a sus oraciones; pero el rostro del Señor está contra aquellos ..." (1 Pedro 3:12)**

1. **"... que hacen el mal".**
2. "... sobre los justos".
3. "... contra aquellos que hacen el bien".
4. "... contra aquellos que le desobedecen".

VERSÍCULO PARA MEMORIZAR

"Porque yo honraré a los que me honran, y los que me desprecian serán tenidos en poco" (1 Samuel 2:30).

VERDAD BÍBLICA

Dios honra a los que le oyen y obedecen.

PROPÓSITO

En esta lección los niños aprenderán que Dios a veces nos pide que hagamos cosas difíciles. Él quiere que le obedezcamos.

SUGERENCIAS PARA LA ENSEÑANZA

Que los niños sepan que probablemente Dios no les hablará en forma audible; a veces Dios nos habla cuando lo escuchamos durante la oración. Él nos habla por medio de la Biblia, las personas, la música y de distintas maneras.

1 Samuel 2:12-29, 34-35; 3:1—4:1

COMENTARIO BÍBLICO

Lea 1 Samuel 2:17-19, 34-35; 3:1—4:1. Cuando era niño, Samuel vivió en el Templo y ministró bajo el ministerio de Elí. En aquellos días "la palabra de Jehová escaseaba". Es decir, Dios no hablaba a su pueblo por medio de los profetas. Los líderes religiosos eran corruptos y no cumplían sus responsabilidades religiosas como debían. Los más impíos eran Ofni y Finees, los hijos de Elí. Su padre les llamó la atención por lo que hacían, pero no hizo nada para impedir esa mala conducta.

Una noche Jehová llamó a Samuel y le dijo lo que les sucedería a los hijos de Elí. El sacerdote le pidió a Samuel que le contara lo que Dios le había hablado. Para Samuel fue difícil decir su primera profecía. Por causa de sus pecados, Jehová estaba a punto de castigar y reemplazar a esa familia de sacerdotes.

Samuel fue un siervo fiel porque dijo exactamente la palabra de Dios. Cuando todo sucedió tal como Samuel había dicho, el pueblo lo aceptó como profeta de Dios.

CARACTERÍSTICAS DE DIOS

+ Dios nos habla y quiere que lo escuchemos.
+ A veces Dios nos pide cosas difíciles.

PERSONAJES

+ **Ofni** y **Finees** eran hijos de Elí. Eran sacerdotes en Silo, pero eran malos.
+ **Un profeta** es una persona escogida por Dios para recibir y entregar su mensaje al pueblo. Un profeta es la persona que habla por Dios.

LUGARES

+ **Tabernáculo de reunión** es otro nombre para referirse al Templo. Para los israelitas era un lugar de adoración. Samuel vivió allí ministrando junto a Elí.
+ **Todo Israel, desde Dan hasta Beerseba** se refiere a la tierra de Israel, desde el norte hasta el sur.

OBJETOS

+ **Efod** es como un chaleco de lino que usan los sacerdotes.
+ **Incienso** es una sustancia que se quema en el altar como ofrenda a Dios. Tiene un olor dulce.

ACTIVIDAD

Para esta actividad, reúna toda clase de objetos que tengan un sonido que se pueda reconocer.

Diga a los niños que den la vuelta de manera que no le puedan ver. Dígales: **Escucharán algunos sonidos. Después de cada sonido, levanten la mano y díganme cuál es el objeto que produce ese sonido.**

Golpee un objeto, luego señale a un niño o niña para que diga al grupo cuál es el objeto que produjo ese sonido. Hágalo varias veces hasta que los alumnos reconozcan cada objeto por el sonido que producen. Dígales: **Hoy han escuchado con mucho cuidado para identificar lo que oyeron. Aprenderemos acerca de un niño que escuchó con mucho cuidado algo que le fue difícil reconocer.**

LECCIÓN BÍBLICA

Antes de enseñarla a los alumnos, prepare la siguiente historia adaptada de 1 Samuel 2:12-29, 34-35; 3:1—4:1.

Cuando se sacrificaba un cordero, el sacerdote separaba la grasa de la carne y la dedicaba a Dios. Luego, el sacerdote ponía la carne que quedaba en un perol para usarla como sacrificio. Antes separaba una porción de esa carne para comerla como pago por los servicios sacerdotales. Mientras se cocía la carne, venía el criado del sacerdote con un garfio de tres dientes y lo metía en el perol, y todo lo que sacaba el garfio era para el sacerdote.

Los hijos de Elí eran personas malas. No temían a Jehová ni obedecían lo que Él había ordenado. Exigían que se les diera primero la carne del sacrificio; de lo contrario, amenazaban con tomarla por la fuerza. Ellos querían la mejor porción, incluyendo la grasa. Al mirar con desprecio las ofrendas a Jehová, mostraban falta de respeto a Dios.

La conducta de Samuel era diferente a la de los hijos de Elí. Samuel ministraba delante de Jehová. Cada año la madre de Samuel le llevaba una pequeña túnica. El Señor honraba a Ana porque era fiel a él, y Dios le dio tres hijos y dos hijas (2:21).

Elí supo todo lo que hacían sus hijos. Él les dijo: "¿Por qué hacéis cosas semejantes?" Pero sus hijos no obedecieron las amonestaciones de su padre. "Y el joven Samuel iba creciendo, y era acepto delante de Dios y delante de los hombres" (2:26).

Vino un varón ante Elí y le dio un mensaje de parte de Dios, diciéndole: "Elegí a tu padre 'por mi sacerdote entre todas las tribus de Israel... Y has honrado a tus hijos más que a mí... Tus dos hijos, Ofni y Finees, ambos morirán en un día'. Y me levantaré un sacerdote fiel" (2:28-35).

En esos días escaseaba la palabra de Dios. El pueblo no tenía visiones frecuentes de Dios. Una noche, mientras Samuel dormía, Jehová lo llamó. Él respondió: "Heme aquí". Y corrió hacia Elí y le dijo: "Heme aquí; ¿para qué me llamaste?" Pero Elí le respondió: "Yo no he llamado; vuelve y acuéstate".

Así que Samuel volvió y se acostó. Lo mismo sucedió dos veces más. Samuel creía que Elí lo estaba llamando. Entonces Elí se dio cuenta de que Jehová estaba llamando al niño.

Elí le dijo a Samuel: "Vé y acuéstate; y si te llamare, dirás: Habla, Jehová, porque tu siervo oye" (3:9).

Y vino Jehová y se paró y llamó como las otras veces: "¡Samuel, Samuel!"

Entonces Samuel dijo: "Habla, porque tu siervo oye" (3:10).

Y Jehová le dijo: "Cumpliré contra Elí todas las cosas que he dicho sobre su casa". Elí no pecó de la misma forma en que pecaron sus hijos, pero permitió que eso pasara. Mostró más amor por sus hijos que por Jehová.

Samuel durmió hasta el día siguiente. Tenía temor de decirle a Elí la visión de Dios. Elí pidió a Samuel que le dijera lo que Dios le había hablado. Y Samuel se lo contó todo. Entonces él dijo: "Jehová es; haga lo que bien le pareciere" (3:18).

Mientras Samuel crecía, el Señor estaba con él. Y Jehová volvió a revelarse en Silo. Todo el pueblo reconoció a Samuel como un profeta de Dios. Todo el pueblo escuchó las palabras de Samuel.

Pida a los alumnos que respondan las siguientes preguntas. No hay respuestas falsas o verdaderas. El propósito es ayudar a los niños para que comprendan la historia bíblica y la apliquen a su vida.

1. ¿Cuáles eran los pecados de Ofni y Finees?

2. ¿Por qué Jehová castigó a toda la casa de Elí si sus hijos fueron los que pecaron? ¿Fue eso justo?

3. En 1 Samuel 2:27-36, Dios habló a Elí por medio de un profeta. La Biblia no nos dice cómo respondió Elí. ¿Cuál creen que fue la respuesta que le dio al profeta?

4. En Israel por mucho tiempo nadie escuchó la voz de Jehová. Entonces, Jehová prefirió hablarle a Samuel y no a Elí, el sacerdote. ¿Por qué Dios lo quiso así?

5. El versículo para memorizar de esta lección es 1 Samuel 2:30: "Porque yo honraré a los que me honran, y los que me desprecian serán tenidos en poco". ¿Cómo se relaciona este versículo con la lección de hoy?

6. Imagínate que tú eres Samuel y que escuchas la palabra de Jehová, ¿le dirías a Elí todo lo que Dios te ha dicho? ¿Cómo crees que Samuel se sintió cuando le dio a Elí el mensaje de Dios?

¿Tienes amigos que no escuchan a Dios o no le obedecen? Algunas veces desearías obedecer a tus amigos y no a Dios; pero Jehová honra a los que le oyen y obedecen. Dios honró a Samuel porque escuchó su voz y le obedeció. Jehová también te honrará si le obedeces. Honras a Dios cuando lees la Biblia, le obedeces, y cuando obedeces a tus padres y maestros.

VERSÍCULO PARA MEMORIZAR

Aprenda el versículo para memorizar. en la página 129 encontrará algunas sugerencias.

ACTIVIDADES ADICIONALES

Elija una de las siguientes opciones para que los niños estudien la Biblia.

1. Prepare un camino con obstáculos. Use sillas, mesas, cajones y lo que tenga. Provea un pañuelo para vendar los ojos.

Pregunte: **¿Cuál fue la diferencia entre la respuesta que dieron los hijos de Elí y la respuesta de Samuel a Dios? Veamos cuán importante es oír la voz verdadera.**

Que un niño o niña, con los ojos vendados, vaya por el camino con obstáculos. Dé instrucciones verbales para que él o ella camine entre los obstáculos.

Pregunte: **¿Por qué es importante escuchar a Dios? ¿Cuáles son las consecuencias cuando no lo escuchamos? Es muy importante que escuches a Dios y le obedezcas.** Cuénteles alguna experiencia que tuvo cuando escuchó a Dios y le obedeció.

2. Lea Éxodo 3:1-9 y Hechos 9:10-16. Diga: **Hemos leído cómo Jehová habló directamente a Moisés y Ananías. Dios habló directamente a Samuel, y él escuchó la voz de Dios. ¿Cuál fue la diferencia entre la experiencia de Samuel y la de los otros personajes mencionados? ¿Cuáles fueron las similitudes entre esas experiencias?**

3. Lea 1 Samuel 2:26. Diga: **En Lucas 2:52 hay un versículo parecido.** Lea este versículo. Pregunte: **¿A quién describe Lucas? ¿Por qué estos versículos son importantes para los niños?** Que los niños usen el movimiento de sus manos para mostrar cómo crecieron Samuel y Jesús.

PREGUNTAS PARA LA COMPETENCIA (NIVEL BÁSICO)

Lea 1 Samuel 2:12-29, 34-35; 3:1—4:1 para preparar a los niños y niñas para la competencia.

1 **¿Por qué el pecado de los hijos de Elí era grande ante los ojos de Jehová? (2:17)**

1. Eran sacerdotes, pero no querían ministrar en el Templo.
2. **Menospreciaron las ofrendas de Jehová.**
3. Ambas respuestas son correctas.

2 **¿Cuántos hijos más tuvo Ana? (2:21)**

1. Dos hijos y una hija
2. Tres hijos y tres hijas
3. **Tres hijos y dos hijas**

3 **Cuando Elí amonestó a sus hijos, ¿qué hicieron? (2:25)**

1. Lo oyeron
2. **No lo oyeron**
3. Lo oyeron por un tiempo.

4 **¿Cómo iba creciendo Samuel? (2:26)**

1. En estatura
2. Acepto delante de Dios y delante de los hombres.
3. **Ambas respuestas son correctas.**

5 **De acuerdo a las palabras dichas a Elí, ¿a quién levantaría Jehová? (2:35)**

1. **A un sacerdote fiel**
2. A los hijos de Elí
3. A Elí

6 ¿Cómo describe la Biblia la palabra de Jehová en los días cuando Samuel servía a Jehová en presencia de Elí? (3:1)

1. Era común
2. **Escaseaba**
3. La obedecían

7 ¿Qué hizo Samuel cuando Jehová lo llamó la primera vez? (3:4-5)

1. Corrió hacia Elí
2. Le dijo a Elí: "Heme aquí; ¿para qué me llamaste?
3. **Ambas respuestas son correctas.**

8 ¿Cuánto de la visión de Dios le dijo Samuel a Elí? (3:18)

1. Casi todo
2. **Todo**
3. Nada

9 ¿Quién reconoció a Samuel como profeta de Dios? (3:20)

1. **Todo Israel**
2. Todo Egipto
3. Todo el mundo

10 Complete el mensaje de este versículo: "Porque yo honraré a los que me honran, y los que..." (2:30)

1. **"... me desprecian serán tenidos en poco".**
2. "... no me honran serán castigados".
3. "... me odian, sufrirán".

PREGUNTAS PARA LA COMPETENCIA (NIVEL AVANZADO)

Lea 1 Samuel 2:12-29, 34-35; 3:1–4:1 para preparar a los niños y niñas para la competencia.

1 ¿Cada cuánto tiempo traía Ana la túnica que hacía para Samuel? (2:19)

1. **Cada año, cuando subía con su marido para ofrecer el sacrificio acostumbrado.**
2. Dos veces al año
3. Para el cumpleaños de Samuel
4. Cuando el Señor le decía que lo hiciera.

2 ¿Qué les dijo Elí a sus hijos cuando supo de los pecados que cometían? (2:22-23, 25)

1. "¿Por qué hacéis cosas semejantes?"
2. "Yo oigo de todo este pueblo vuestros malos procederes".
3. "Si alguno pecare contra Jehová, ¿quién rogará por él?
4. **Todas las respuestas son correctas.**

3 ¿Qué le dijo el varón de Dios a Elí acerca de sus hijos? (2:34)

1. Ofni sería elegido como sacerdote.
2. Finees sería elegido como rey.
3. Los dos serían sacerdotes cuando muriera Elí.
4. **Ambos morirían en un día.**

4 Finalmente, ¿quién se dio cuenta de que Jehová estaba llamando a Samuel? (3:8)

1. Ofni
2. Finees
3. **Elí**
4. Elcana

5 **¿Cuál fue la respuesta de Samuel después que Jehová lo llamó por cuarta vez? (3:10)**

1. "Habla, porque tu siervo oye".

2. "Elí, ¿me llamaste?"

3. "¿Quién me está llamando?"

4. "Señor, por favor, no me hables".

6 **¿Por qué Dios iba a juzgar a Elí y su casa para siempre? (3:13)**

1. Elí estaba robando al pueblo.

2. Elí y sus hijos ofrecían un sacrificio que no honraba a Dios.

3. Elí sabía de los pecados de sus hijos y no los estorbó.

4. Todas las respuestas de arriba.

7 **¿Qué es lo que Samuel temía descubrirle a Elí? (3:15)**

1. Los pecados de Ofni y Finees

2. La visión de Dios

3. Que dormía en el Templo.

4. Todas las respuestas de arriba.

8 **¿Qué dijo Elí después que Samuel le dijo la visión de Jehová? (3:18)**

1. "Jehová es; haga lo que bien le pareciere".

2. "No creo lo que Jehová dijo".

3. "¿Qué hará Jehová con mi familia?

4. "Creo que no escuchaste bien lo que Jehová dijo".

9 **¿Qué reconoció el pueblo respecto a Samuel? (3:20)**

1. Que era un buen muchacho.

2. Que él sería rey.

3. Que era un profeta de Jehová.

4. Que era un pastor.

10 **¿Cómo se reveló Jehová a Samuel? (3:21)**

1. Por medio de los hijos de Elí

2. Por medio del consejo de Elcana

3. Por medio de la palabra de Jehová

4. Todas las respuestas de arriba.

VERDAD BÍBLICA

Jehová, nuestro Dios, es el único Dios verdadero.

PROPÓSITO

En esta lección los niños aprenderán que Jehová, nuestro Dios, es el único Dios verdadero. Aprenderán que él tiene poder sobre el mal.

SUGERENCIAS PARA LA ENSEÑANZA

Que sus alumnos recuerden que sólo hay un Dios a quien debemos servir. Él es el Dios de la Biblia y tiene gran poder. Es más poderoso que el dios de los filisteos.

COMENTARIO BÍBLICO

Lea 1 Samuel 4:1–5:12. El pueblo de Israel no tenía una buena relación con Dios. Algunos eran fieles; sin embargo, sus líderes eran corruptos. En esta lección, los alumnos verán lo que les sucedió a los líderes y al pueblo de Israel por su falta de relación con Dios.

Los israelitas perdieron una batalla contra los filisteos y, para ganar la siguiente, trataron de manipular a Dios llevando el arca del pacto al campamento. A pesar de eso, los israelitas perdieron nuevamente la batalla y los filisteos capturaron el arca de Dios (vv. 10-11).

En esa batalla murieron Ofni y Finees. Israel menospreció el pacto con Dios, y la derrota que sufrieron en la batalla fue el juicio de Dios contra la nación.

Los filisteos creían que su dios Dagón era más poderoso que Jehová, pero Jehová Dios les mostró que eso no era cierto cuando quebró la imagen de Dagón e hirió a los filisteos con tumores (5:1-6).

CARACTERÍSTICAS DE DIOS

+ Jehová es el único Dios verdadero.
+ Dios tiene poder sobre el mal.

PERSONAJES

+ **Un benjamita** era miembro de la tribu de Benjamín, descendiente de Benjamín e hijo de Jacob.
+ **Los filisteos** eran un pueblo que vivía cerca del mar Mediterráneo. Eran enemigos de los israelitas.

LUGARES

+ **Asdod, Gat y Ecrón** eran las ciudades más grandes de Filistea.

OBJETOS

+ **El arca del pacto** era de madera y estaba cubierta de oro. En el arca estaban las tablas de piedra con los Diez Mandamientos, la vara de Aarón y un poco de maná. El arca de Jehová y el arca del pacto eran lo mismo. El arca representaba la presencia de Dios en medio de su pueblo.

+ **Dagón** era uno de los dioses que adoraban los filisteos. Se le conocía como el dios de la cosecha.

ACTIVIDAD

Para esta actividad necesitará lo siguiente:

+ Un globo o una bolsa de plástico
+ Un objeto pequeño como una moneda, una piedra o un botón.

Divida a los alumnos en dos equipos. En un equipo habrá más alumnos que en el otro. El equipo con más alumnos representará a los israelitas, y el equipo pequeño representará a los filisteos.

Pida que el equipo de los filisteos forme una fila en un extremo del salón. Para representar el arca del pacto, coloque un objeto pequeño dentro de un globo inflado o una bolsa de plástico. Coloque el arca en el lado opuesto del salón. Dígales: **Escondimos el arca en un globo porque representa un objeto santo. No deben tocarlo.**

Que los israelitas se sitúen en distintos lugares entre los filisteos y el arca. La responsabilidad que tendrán será proteger el arca moviendo sólo las manos. No deben mover los pies, y cuando los filisteos caminen hacia el arca para capturarla, los israelitas tratarán de tocarlos o marcarlos, impidiendo así que capturen el arca.

Si un israelita marca o toca a un filisteo, el niño o niña filistea saldrá del juego. Si los israelitas marcan a todos los filisteos, ganan el juego. Si los filisteos capturan el arca, ellos ganan el juego.

LECCIÓN BÍBLICA

Antes de enseñarla a sus alumnos, prepare la siguiente historia basada en 1 Samuel 4:1—5:12.

Los filisteos derrotaron a los israelitas en la batalla. Mataron más o menos a 4,000 israelitas. Los ancianos de Israel decidieron traer el arca de Jehová de Silo al campo de batalla; creían que de esa manera el arca del pacto de Dios los salvaría de sus enemigos.

Cuando trajeron el arca al campamento, los israelitas gritaron con un júbilo tan grande que la tierra tembló. Los filisteos escucharon esos gritos de júbilo y, cuando supieron que el arca del pacto estaba en el campamento de Israel, temieron.

Sin embargo, a pesar del miedo que sentían, no retrocedieron. Por el contrario, tuvieron más ánimo para pelear. Los filisteos pelearon, derrotaron al ejército de Israel y mataron a más de 30,000 soldados. Entre ellos estaban los dos hijos de Elí, Ofni y Finees. Durante la batalla los filisteos capturaron el arca del pacto de Jehová.

Un soldado de Benjamín fue corriendo del campo de batalla hacia Silo. Tenía rotos sus vestidos y la cabeza cubierta de tierra. Él les dijo que los israelitas habían sido derrotados, los hijos de Elí habían muerto, y los filisteos habían capturado el arca del pacto. Cuando escucharon esas noticias, todo el pueblo gritó. La ropa del soldado y su cabeza cubierta de tierra eran señales visibles de dolor y tristeza.

Elí tenía 98 años y no veía casi nada. El soldado le dijo que Israel había sufrido una gran pérdida y que sus dos hijos habían muerto; como si eso fuera poco, los filisteos habían capturado el arca de Jehová. Cuando mencionó el arca de Dios, Elí cayó hacia atrás de la silla y se desnucó y murió.

La esposa de Finees estaba embarazada y ya a punto de dar a luz a su bebé. Cuando ella escuchó las malas noticias, se inclinó y dio a luz, porque de repente le vinieron fuertes dolores y murió a causa de esos dolores. Pero antes de que muriera, supo que había dado a luz un hijo y le puso el nombre de Icabod, que significa "sin gloria". Ella sintió que la gloria de Jehová se había ido de Israel.

Los filisteos llevaron el arca del pacto de Jehová al templo de Dagón, que estaba en Asdod, y pusieron el arca al lado de la estatua de ese dios. Dagón era uno de los dioses al que los filisteos adoraban. Al día siguiente, cuando la gente de Asdod se levantó de mañana, vio a Dagón postrado en tierra delante del arca de Jehová. Entonces tomaron a Dagón y lo volvieron a su lugar. Al día siguiente, nuevamente Dagón estaba postrado en tierra delante del arca de Jehová; esta vez, su cabeza y las palmas de las manos estaban cortadas. Entonces Jehová hirió al pueblo de Asdod con tumores.

Cuando los de Asdod vieron lo que había pasado, dijeron que el arca de Jehová no debía quedarse con ellos. Los príncipes de los filisteos llevaron el arca a Gat. Cuando lo hicieron, Jehová afligió a esa ciudad y los hirió con tumores.

Entonces los príncipes de los filisteos enviaron el arca de Dios a Ecrón, pero los ecronitas no querían tener el arca con ellos y pidieron que la llevaran a Israel. Los filisteos que sobrevivieron fueron heridos con tumores, y el clamor de ellos subió al cielo.

Pida a los alumnos que respondan las siguientes preguntas. No hay respuestas falsas o verdaderas.

El propósito es ayudar a los niños para que comprendan la historia bíblica y la apliquen a su vida.

1. ¿Por qué los israelitas llevaron el arca del pacto al campo de batalla?

2. Los israelitas veían el arca del pacto como si fuera algo mágico. ¿Estaba eso bien o mal? ¿Por qué?

3. ¿Por qué los israelitas estaban tristes y preocupados cuando los filisteos capturaron el arca del pacto?

4. Imagina que eres un filisteo, ¿qué pensarías al saber que la estatua de Dagón se había caído dos veces ante el arca de Dios?

5. ¿Cuándo los filisteos tuvieron temor de los israelitas? ¿Por qué?

6. El versículo para memorizar, 1 Samuel 2:2, ¿cómo se relaciona con esta lección y con nuestra vida?

Diga a sus alumnos: En esta lección aprendimos que Jehová es el único Dios verdadero. No olvidemos que él debe ocupar el primer lugar en nuestra vida y adoración.

También aprendimos que Dios tiene gran poder. Dagón cayó delante del arca del pacto, y los filisteos vieron que Jehová era más poderoso que Dagón. Confía siempre en Jehová, ¡porque él es el único Dios!

VERSÍCULO PARA MEMORIZAR

Aprenda el versículo para memorizar. Encontrará sugerencias en la página 129.

ACTIVIDADES ADICIONALES

Elija una de las siguientes opciones para que los niños estudien la Biblia.

1. Dibuje un mapa mostrando los lugares donde estuvo el arca del pacto de acuerdo con 1 Samuel 4:1—5:12. Marque las ciudades y las regiones. Dibuje símbolos para representar los eventos que ocurrieron en esas ciudades y regiones. Use ese mapa para repasar la historia cuando los filisteos capturaron el arca. Para esta actividad, un atlas bíblico y la internet son las fuentes ideales de ayuda.

2. Explique el significado de la palabra "manipular": "Controlar sutilmente a un grupo de personas, o a la sociedad, impidiendo que sus opiniones y actuaciones se desarrollen natural y libremente". Pregunte: **¿Alguna vez intentaste manipular a Dios? Por ejemplo, ¿prometiste obedecer a Dios si él respondía a tus oraciones?** Permita que los niños respondan. Dígales: **Los israelitas trataron de manipular a Dios cuando llevaron el arca del pacto a su campamento. Trataron el arca como un objeto con poderes mágicos. Fue mala idea tratar de manipular a Dios. En lugar de eso, ¿qué deberíamos hacer?** *(Aquí tiene algunas posibles respuestas: ore, trate de saber qué es lo que él quiere que hagamos, confíe y sea obediente a Dios).*

PREGUNTAS PARA LA COMPETENCIA (NIVEL BÁSICO)

Lea 1 Samuel 4:1—5:12 para preparar a los niños y niñas para la competencia.

1 **¿De dónde trajeron los israelitas el arca después que los filisteos los derrotaron en Afec? (4:1-4)**

1. Ramá
2. Efraín
3. **Silo**

2 **¿Qué sintieron los filisteos cuando escucharon gritos en el campamento israelita? (4:7)**

1. Estaban contentos.
2. **Tuvieron miedo.**
3. Estaban felices.

3 **¿Cuántos soldados israelitas murieron en el campo de batalla después que llevaron el arca al campamento? (4:10)**

1. **30,000**
2. 20,000
3. 10,000

4 **¿Quiénes murieron en la batalla cuando los filisteos capturaron el arca del pacto de Jehová? (4:11)**

1. Samuel y Elí
2. **Ofni y Finees**
3. Samuel y Ana

5 **¿Qué le pasó a Elí cuando supo que los filisteos habían capturado el arca? (4:18)**

1. **Murió**
2. Oró
3. Lloró

6 **Cuando murió Elí, ¿cuántos años tenía? (4:14-15, 18)**

1. **98 años**
2. 88 años
3. 108 años

7 **¿Qué pasó cuando la esposa de Finees escuchó esa mala noticia? (4:19-20)**

1. Dio a luz un niño.
2. Murió.
3. **Ambas respuestas son correctas.**

8 **¿Qué nombre le dio la esposa de Finees a su hijo? (4:21)**

1. Finees
2. **Icabod**
3. Samuel

9 ¿Dónde pusieron los filisteos el arca después de haberla capturado? (5:2)

1. En Ebenezer
2. Cerca del campamento
3. **Junto a Dagón, en la casa de Dagón**

10 ¿Qué vieron los habitantes de Asdod al siguiente día, después que pusieron el arca en la casa de Dagón? (5:3)

1. **A Dagón postrado en tierra delante del arca de Jehová.**
2. El arca caída sobre Dagón.
3. Ambas respuestas son correctas.

PREGUNTAS PARA LA COMPETENCIA (NIVEL AVANZADO)

Lea 1 Samuel 4:1–5:12 para preparar a los niños y niñas para la competencia.

1 Después que los filisteos derrotaron a los israelitas, ¿qué decidieron hacer con el arca los ancianos de Israel? (4:2-3)

1. La enviaron a Efraín.
2. La entregaron a los filisteos.
3. Oraron a Dios para saber qué hacer con el arca.
4. **La llevaron a Silo para que estuviera con ellos.**

2 ¿Qué pasó cuando llevaron el arca al campamento israelita? (4:5)

1. Todo Israel gritó con un júbilo tan grande que la tierra tembló.
2. Cayó una tormenta en el campamento.
3. Todo Israel tuvo miedo.
4. **Todas las respuestas de arriba.**

3 ¿Qué capturaron los filisteos después que el arca fue llevada al campamento israelita? (4:11)

1. Las provisiones de los israelitas
2. Las carpas o tiendas de los israelitas
3. **El arca de Dios**
4. Todas las respuestas de arriba.

4 ¿Cómo describe 1 Samuel al soldado de Benjamín cuando llegó de Silo para decir que los filisteos habían capturado el arca? (4:12-13)

1. Estaba herido y sufría mucho.
2. Su rostro estaba sucio y no tenía zapatos.
3. **Sus vestidos estaban rotos y su cabeza cubierta de tierra.**
4. Todas las respuestas de arriba.

5 ¿Cómo reaccionó el pueblo de Silo al escuchar lo que había sucedido en el campo de batalla con los filisteos? (4:13)

1. Se alegraron.
2. Aplaudieron.
3. **Toda la ciudad gritó.**
4. Estuvieron en silencio.

6 ¿Cuáles fueron las noticias que le dio a Elí el soldado de Benjamín? (4:17)

1. Hubo gran mortandad entre el pueblo.
2. Ofni y Finees murieron.
3. Los filisteos capturaron el arca.
4. **Todas las respuestas de arriba.**

7 ¿Cómo reaccionó Elí cuando supo que los filisteos habían capturado el arca de Jehová? (4:17-18)

1. Cayó de su silla hacia atrás.
2. Se rompió el cuello.
3. Murió.
4. **Todas las respuestas de arriba.**

8 **¿Qué dijeron los de Asdod cuando el Señor los hirió con tumores? (5:6-7)**

1. "Derrotemos nuevamente a los israelitas".
2. "No estamos seguros de qué debemos hacer con el arca".
3. **"No quede con nosotros el arca del Dios de Israel".**
4. Todas las respuestas de arriba.

9 **¿Qué pasó después que los filisteos llevaron el arca a Gat? (5:9)**

1. El pueblo de Gat se alegró.
2. **El pueblo de Gat fue afligido con tumores.**
3. Murió todo el pueblo de Gat.
4. **Todas las respuestas de arriba.**

10 **Termine el siguiente versículo: "No hay santo como Jehová; porque no hay ninguno fuera de ti, y no hay refugio..." (1 Samuel 2:2)**

1. "... nada puede contra él".
2. "... su presencia nos ilumina".
3. "... no hay Dios excepto tú".
4. **"...como el Dios nuestro".**

VERSÍCULO PARA MEMORIZAR

"Oh Dios, santo es tu camino; ¿qué dios es grande como nuestro Dios?" (Salmos 77:13).

VERDAD BÍBLICA

Dios quiere que todos sepan que él es santo y que le honren.

PROPÓSITO

En esta lección los niños aprenderán que Dios es santo, y él quiere que todos le honren todo el tiempo.

SUGERENCIAS PARA LA ENSEÑANZA

Que los niños y niñas sepan que los 50,070 varones que murieron cometieron una ofensa seria. Ellos no respetaron ni honraron el arca del pacto de Jehová.

COMENTARIO BÍBLICO

Lea 1 Samuel 6:1–7:1. Cuando los filisteos capturaron el arca del pacto, creyeron que su dios Dagón había derrotado a Jehová. Después de siete meses de plagas, los filisteos admitieron que se habían equivocado y preguntaron a sus sacerdotes cómo podían devolver el arca al Dios de los israelitas.

Los sacerdotes filisteos decidieron poner dentro de una caja las figuras de los tumores y los ratones. Les pusieron yugo a dos vacas que recién estaban criando terneros para que jalaran el carro sobre el cual pondrían el arca. Las vacas que recién habían parido generalmente no abandonaban a sus terneros. Si las vacas dejaban a sus terneros para llevar el arca a Israel, sería una prueba de que las plagas eran castigo de Jehová.

El pueblo de Israel estaba contento porque los filisteos les habían devuelto el arca. Pero Dios mató a 50,070 hombres porque miraron dentro del arca del pacto, lo cual era una deshonra a Jehová. Ese día los israelitas aprendieron que Jehová es santo y que debían honrarlo.

Los filisteos capturaron el arca, no porque Jehová era débil, sino porque los israelitas no honraron a Dios. La presencia de Jehová y su poder está sobre aquellos que lo honran y cumplen su pacto. Quienes lo rechazan, no reciben sus bendiciones.

CARACTERÍSTICAS DE DIOS

+ Dios es santo y quiere que su pueblo lo honre.
+ Dios merece nuestra alabanza.

PALABRAS RELACIONADAS CON NUESTRA FE

+ **Ser santo** es ser perfecto, completo y puro. También significa estar separado sólo para el ministerio de Dios. Jehová es santo y diferente. Todo lo que hay en Dios es bueno y perfecto.

PERSONAJES

+ **Adivinos** son personas que tratan de ser guiados por dioses paganos.
+ **Abinadab** era un varón de la tribu de Judá. Después que los filisteos devolvieron el arca, él la tuvo en su casa.

LUGARES

+ **Bet-semes** era un pueblo israelita cerca de la frontera con Filistea.
+ **Quiriat-jearim** era una ciudad que estaba situada más o menos a 12 kilómetros de Jerusalén (7.5 millas).

OBJETOS

+ **Ofrenda de expiación** era la que las personas ofrecían a Dios cuando reconocían que habían pecado contra él.
+ **Yugo** era un tronco o madera que ponían sobre el cuello de los animales para que trabajaran juntos, jalando un carro o el arado.

ACTIVIDAD

Necesitará lo siguiente para esta actividad:

+ Una caja pequeña de madera o cartón
+ Caramelos o fruta cortada en pedazos pequeños

Antes que lleguen sus alumnos, ponga una silla en el centro del salón. Luego ponga las otras sillas detrás de la primera, pero en dirección opuesta.

Llame a un niño o niña para que se siente en la silla que está en el centro del salón. Luego, detrás de él o ella, ponga la caja pequeña con un caramelo dentro. Explíqueles las siguientes reglas de juego:

1. Pida al niño o niña que está sentado en el centro del salón que cierre los ojos.

2. Luego, apuntando con el dedo, sin mencionar el nombre, llame a otro niño o niña para que tome la caja y la esconda.

3. Que el niño o niña que está en el centro abra los ojos y trate de adivinar quién tomó la caja.

4. Si adivina, el caramelo que está en la caja es suyo, pero si no adivina, el niño o niña que escondió la caja recibirá el caramelo.

5. Continúe el juego hasta que todos tengan un caramelo o fruta.

Pregúnteles: **Cuando ustedes tenían la caja, ¿qué sintieron cuando otra persona se las quitó? ¿Qué sintieron cuando recibieron el caramelo o la fruta?** Hoy aprenderemos lo que pasó cuando alguien devolvió al pueblo de Dios lo que para ellos era muy preciado.

LECCIÓN BÍBLICA

Antes de enseñarla a sus alumnos, prepare la siguiente historia basada en 1 Samuel 6:1—7:1.

Los filisteos tuvieron el arca de Jehová por siete meses y reconocieron que eso no estaba bien. Querían devolver el arca y, junto con ella, dar la mejor ofrenda para compensar por el pecado que habían cometido y así calmar la ira de Dios. Preguntaron a sus sacerdotes y adivinos qué debían hacer para devolver el arca a los israelitas. Ellos les dijeron que debían devolver el arca con una ofrenda de expiación a Jehová. Así Dios sanaría a los filisteos.

Entonces preguntaron: "¿Qué tipo de ofrenda debemos enviar?" La respuesta fue: "Como ofrenda de expiación den 'cinco tumores de oro, y cinco ratones de oro'" (v. 4). Los tumores y los ratones representaban la enfermedad y la plaga que Dios envió a los filisteos. El número cinco simbolizaba las cinco ciudades filisteas gobernadas por cinco príncipes: Asdod, Gaza, Ascalón, Gat y Ecrón (v. 17); y el oro era testimonio de

honra y respeto a Dios. De esa manera quisieron calmar la ira de Jehová sobre ellos, sus dioses y toda la tierra filistea (v. 5).

Al oír esos consejos, posiblemente los filisteos querían esperar para preparar la ofrenda y luego enviarla. Al ver esa actitud, los sacerdotes y adivinos dijeron: "¿Por qué endurecéis vuestro corazón, como los egipcios y Faraón endurecieron su corazón?" (v. 6). Cuando Dios castigó a los egipcios, ellos dejaron libres a los israelitas.

"Haced, pues, ahora un carro nuevo, y tomad luego dos vacas que críen, a las cuales no haya sido puesto yugo, y uncid (aten) las vacas al carro, y haced volver sus becerros de detrás de ellas a casa. Tomaréis luego el arca de Jehová, y la pondréis sobre el carro, y las joyas de oro que le habéis de pagar en ofrenda por la culpa, las pondréis en una caja al lado de ella; y la dejaréis que se vaya" (v. 7).

Eso no fue todo. Los sacerdotes y adivinos también quisieron ver si la enfermedad y la plaga realmente eran castigo del Dios de los israelitas o una coincidencia. Les dijeron: "Observaréis; si sube por el camino de su tierra a Bet-semes, él nos ha hecho este mal tan grande; y si no, sabremos que no es su mano la que nos ha herido, sino que esto ocurrió por accidente" (v. 9).

Los filisteos hicieron todo lo que los sacerdotes y adivinos les dijeron. Las vacas fueron por el camino de Bet-semes, y en eso vemos un detalle interesante. El instinto maternal de las vacas es volver donde están sus terneros; sin embargo, las vacas no se desviaron de su camino hacia Bet-semes. Por si acaso, para estar seguros, los príncipes de los filisteos fueron tras ellas hasta la frontera de Bet-semes, y al ver que las vacas seguían adelante, reconocieron que Dios había enviado esas plagas.

Cuando los israelitas que vivían en Bet-semes vieron el arca de Jehová, se regocijaron. Los levitas bajaron el arca y la caja donde estaban los tumores de oro y los ratones de oro, y la pusieron sobre una gran piedra. El pueblo de Bet-semes sacrificó holocaustos a Jehová. Otro detalle era que Dios no quería que vieran lo que había dentro del arca. El dio instrucciones para que sólo los sacerdotes miraran dentro de ella. Lamentablemente, los israelitas no honraron la voluntad de Jehová porque pusieron el arca sobre una roca para que todos la vieran. "Entonces Dios hizo morir a los hombres de Bet-semes, porque habían mirado dentro del arca de Jehová; hizo morir del pueblo a cincuenta mil setenta hombres. Y lloró el pueblo, porque Jehová lo había herido con tan gran mortandad" (v. 19).

Y los de Bet-semes dijeron: "¿Quién podrá estar delante de Jehová el Dios santo?" Luego enviaron mensajeros a los habitantes de Quiriat-jearim y les dijeron: "Los filisteos han devuelto el arca de Jehová; descended, pues, y llevadla a vosotros" (v. 21). Así lo hicieron. Los de Quiriat-jearim llevaron el arca de Jehová a la casa de Abinadab, y allí santificaron a su hijo Eleazar para que guardara el arca de Jehová.

Pida a los alumnos que respondan las siguientes preguntas. No hay respuestas falsas o verdaderas. El propósito es ayudar a los niños para que comprendan la historia bíblica y la apliquen a su vida.

1. ¿Por qué los filisteos enviaron juntamente con el arca cinco ratones de oro?

2. ¿Por qué los filisteos, para llevar el arca, tomaron dos vacas sobre las que nunca se había puesto yugo?

3. ¿Por qué los israelitas estuvieron tan contentos cuando vieron el arca?

4. ¿Por qué Dios hizo morir a 50,070 hombres de Israel?

5. ¿Creen ustedes que los filisteos mostraron más respeto a Jehová que los israelitas? ¿Por qué?

Los filisteos enviaron el arca del pacto a Israel. Algunos israelitas adoraron a Jehová, pero 50,070 varones lo desobedecieron cuando miraron dentro del arca. Ellos no honraron a Jehová. Dios quiere que lo honremos y que obedezcamos su voluntad.

VERSÍCULO PARA MEMORIZAR

Aprenda el versículo para memorizar. Encontrará sugerencias en la página 129.

ACTIVIDADES ADICIONALES

Elija una de las siguientes opciones para que los niños estudien la Biblia.

1. Escriba un diario desde el punto de vista de los príncipes de los filisteos, quienes siguieron a las vacas que llevaron el arca a Bet-semes. Pregúnteles: ¿Qué sintieron los príncipes filisteos al ver el poder de Dios? ¿Qué pensaron acerca de Dios?

2. Comente: **Cuando los filisteos devolvieron el arca a los israelitas, éstos se alegraron; sin embargo, ninguno trató el arca con el respeto y honra que merecía. ¿Cuáles son algunas formas en que ustedes muestran honra a Dios?** Haremos una lista de las formas en que nosotros mostramos honra a Dios.

Si sus alumnos o alumnas no tienen las respuestas, pregúnteles: **¿Cuáles son algunas formas en que la gente no muestra respeto a Dios?** Luego, cambie la pregunta negativa en una positiva, para que vean en qué forma nosotros honramos a Dios. Anote las respuestas en la pizarra; después pregunte: **¿Por qué debemos honrar a Dios? ¿Qué pasa cuando honramos a Dios? ¿Qué pasa cuando no honramos a Dios?**

PREGUNTAS PARA LA COMPETENCIA (NIVEL BÁSICO)

Lea 1 Samuel 6:1–7:1 para preparar a los niños y niñas para la competencia.

1 De acuerdo al consejo que los sacerdotes y adivinos les dieron a los filisteos, ¿qué debían enviar a los israelitas juntamente con el arca? (6:3)

1. 300 vacas
2. **Una ofrenda de expiación**
3. Comida y agua

2 ¿Qué quería decir, para los príncipes de los filisteos, si el carro con el arca iba directamente a Bet-semes? (6:9)

1. Las plagas ocurrieron por accidente.
2. **Jehová trajo esas plagas contra los filisteos.**
3. Los israelitas fueron lo que ocasionaron esas plagas.

3 ¿Cuántas vacas jalaron el carro donde estaba el arca de Jehová? (6:10)

1. Una vaca
2. **Dos vacas**
3. Tres vacas

4 ¿Qué pasó con las vacas que se dirigían a Bet-semes jalando el carro con el arca? (6:12)

1. Siguieron el camino sin apartarse ni a derecha ni a izquierda.
2. Iban andando y bramando.
3. **Ambas respuestas son correctas.**

5 ¿Cuál fue la reacción de los habitantes de Bet-semes cuando vieron el arca de Jehová? (6:13)

1. **Se regocijaron.**
2. Se ocultaron.
3. Huyeron por temor.

6 ¿Qué hicieron los habitantes de Bet-semes con el carro que llevó el arca? (6:14)

1. Lo usaron para llevar trigo.
2. **Cortaron la madera del carro.**
3. Lo devolvieron a los filisteos.

7 ¿Dónde pusieron los israelitas el arca y la ofrenda de expiación de los filisteos? (6:15)

1. Cerca del río Jordán
2. En el arca
3. **Sobre una gran piedra**

8 ¿Cuántos hombres murieron por mirar dentro del arca? (6:19)

1. **50,070**
2. 70,000
3. 2,000

9 ¿A cuál casa llevaron el arca los varones de Quiriat-jearim? (7:1)

1. **A la casa de Abinadab**
2. A la casa de Samuel
3. A la casa de Mizpa

10 Termine el siguiente versículo: "Oh Dios, santo es tu camino; ¿qué dios..." (Salmos 77:13)

1. "... es santo como nuestro Dios?
2. **"... es grande como nuestro Dios?**
3. "... puede estar contra ti?"

PREGUNTAS PARA LA COMPETENCIA (NIVEL AVANZADO)

Lea 1 Samuel 6:1–7:1 para preparar a los niños y niñas para la competencia.

1 Después que el arca estuvo por siete meses en tierra de los filisteos, ¿cuál es la pregunta que ellos hicieron a los sacerdotes y adivinos? (6:2)

1. **"¿Qué haremos del arca de Jehová"**
2. "¿Dónde pondremos el arca de Jehová?"
3. "¿Cómo destruiremos el arca de Jehová?"
4. "¿Dónde esconderemos el arca de Jehová?"

2 ¿Cuál fue la ofrenda de expiación que llevaron los filisteos juntamente con el arca? (6:4)

1. Cuatro gatos de plata
2. **Cinco tumores de oro y cinco ratones de oro**
3. Cinco gatos de oro y cinco ratones de oro
4. Cinco semillas de oro

3 ¿Qué clase de vacas jalaron el carro con el arca? (6:7)

1. Dos vacas que no tenían terneros.
2. Cuatro vacas que nunca usaron yugo.
3. Tres vacas que nunca usaron yugo.
4. **Dos vacas que tenían terneros pero nunca habían usado yugo.**

4 ¿Cómo enviaron los filisteos la ofrenda de expiación? (6:8)

1. **Sobre el carro, en una caja al lado del arca.**
2. En el carro
3. Con los príncipes de Filistea
4. En el carro, encima del arca.

5 ¿Qué demostraría si el carro iba directamente a Bet-semes? (6:9)

1. Que los tumores y enfermedades sucedieron por accidente.
2. **Que la mano de Jehová llevó ese mal contra los filisteos.**
3. Que los israelitas habían pecado.
4. Todas las respuestas anteriores.

6 ¿Qué estaba haciendo el pueblo de Bet-semes cuando llegó el carro con el arca? (6:13)

1. **Segaban el trigo.**
2. Recogían las uvas.
3. Disfrutaban de un banquete.
4. Dormían.

7 ¿Qué pasó con las vacas que jalaron el carro? (6:14)

1. **El pueblo las sacrificó como holocausto.**
2. Las enviaron a los filisteos.
3. Las devolvieron.
4. Las donaron a las viudas de Bet-semes.

8 ¿Por qué los filisteos dieron a Jehová cinco ratones de oro como ofrenda de expiación? (6:18)

1. Había cinco ciudades que sufrieron la plaga de ratones.
2. **Había cinco ciudades filisteas pertenecientes a cinco príncipes.**
3. Eran sólo cinco filisteos los que sufrieron la plaga de tumores.
4. Todas las respuestas anteriores.

9 ¿A dónde enviaron el arca los de Bet-semes? (6:20-21)

1. A la casa de Obed-edom
2. A Jerusalén
3. A Ebenezer
4. **A Quiriat-jearim**

10 Los varones de Quiriat-jearim, ¿a quién santificaron para que guardase el arca? (7:1)

1. A Samuel
2. A los hijos de Elí
3. **A Eleazar**
4. A los varones de Bet-semes

VERSÍCULO PARA MEMORIZAR

"Buscad a Jehová y su poder; buscad su rostro continuamente. Haced memoria de las maravillas que ha hecho, de sus prodigios, y de los juicios de su boca" (1 Crónicas 16:11-12).

VERDAD BÍBLICA

Dios nos da libertad para hacer nuestras decisiones.

PROPÓSITO

En esta lección los niños aprenderán que Dios nos da libertad para hacer nuestras decisiones. Él no obliga a su pueblo para que lo siga, pero espera que lo haga por elección propia y que lo ame.

SUGERENCIAS PARA LA ENSEÑANZA

Que sus alumnos recuerden que Dios es fiel. A pesar de que los israelitas fueron infieles a Jehová, él permaneció fiel. Y les prometió que si decidían seguirlo, los libraría de la mano de los filisteos.

COMENTARIO BÍBLICO

Lea 1 Samuel 7:2–8:22. Por 20 años Samuel dirigió al pueblo de Israel. Ellos dejaron de adorar a los dioses paganos para adorar nuevamente a Jehová.

Cuando los filisteos atacaron al pueblo de Dios, los israelitas pidieron a Samuel que orara a Dios para que los rescatara de la mano de sus enemigos. Dios escuchó la oración de Samuel porque el pueblo se arrepintió, y Jehová les dio la victoria. Samuel construyó un altar para que los israelitas recordaran que Jehová es fiel.

Cuando Samuel envejeció, puso a sus hijos Joel y Abías como jueces sobre el pueblo de Israel. Lamentablemente ellos se dejaron sobornar y pervirtieron el derecho (8:3). Por tanto, los israelitas pidieron a Samuel que nombrara a un rey. Esa petición no le agradó a Dios y le dijo a Samuel que el pueblo lo había rechazado porque no quería a Jehová como rey.

Jehová le dijo a Samuel que advirtiera al pueblo porque el rey que estaban pidiendo sería muy duro con ellos. Con el tiempo ese rey los haría esclavos, de modo que llegaría el día cuando los israelitas lamentarían haber pedido rey. En ese día clamarían a Dios para que les diera descanso, pero él no respondería sus peticiones.

A pesar de las advertencias de Dios por medio de Samuel, los israelitas estaban decididos a tener rey. Jehová le dijo a Samuel que escuchara la petición del pueblo y les concediera un rey.

CARACTERÍSTICAS DE DIOS

+ Jehová desea que su pueblo recuerde lo que él hizo por ellos.
+ Jehová les da libertad para que hagan sus decisiones.

PERSONAJES

+ **Los ancianos de Israel** eran los jefes y representantes del pueblo.

LUGARES

+ **Mizpa** era una ciudad cerca de Jerusalén. Mizpa significa atalaya o puesto de guardia.

+ **Ramá** es el pueblo donde nació Samuel. Fue en ese lugar donde los israelitas pidieron un rey.

OBJETOS

+ **Astarot** era la diosa cananea de la fecundidad y del amor.

+ **Baal** era el nombre de un dios pagano.

+ **Holocausto** era una ofrenda que se quemaba a Jehová. Mostraba la actitud de sumisión y obediencia de parte de los israelitas.

+ **Eben-ezer** significa piedra de ayuda. Samuel colocó esta piedra entre Mizpa y Sen.

ACTIVIDAD

Antes que lleguen los alumnos, prepare un plato con trozos de fruta y caramelos.

Permita que los niños y niñas decidan qué comer, ya sea un trozo de fruta o un caramelo. Dialoguen respecto al valor nutritivo del contenido del plato.

Dígales: **Si eligieron el caramelo, hicieron una elección cuyo sabor les durará sólo un momento. Sin embargo, no es la mejor elección. El caramelo no provee los nutrientes necesarios como la fruta.**

Los israelitas hicieron una decisión. Jehová les dijo que el rey les causaría problemas, pero ellos prefirieron la satisfacción instantánea de un rey terrenal en vez de confiar completamente en Dios. Jehová sabía lo que era mejor para los israelitas, pero les dio lo que pidieron. La decisión que hizo el pueblo le trajo muchas consecuencias negativas.

LECCIÓN BÍBLICA

Antes de enseñarla a sus alumnos, prepare la siguiente historia basada en 1 Samuel 7:2—8:22.

Samuel les dijo a los israelitas: "Si de todo vuestro corazón os volvéis a Jehová, quitad los dioses ajenos y a Astarot de entre vosotros, y preparad vuestro corazón a Jehová, y sólo a él servid, y os librará de la mano de los filisteos" (7:3). Los israelitas obedecieron a Samuel y destruyeron a los baales y Astarot, sirviendo sólo a Dios.

Luego el pueblo se reunió en Mizpa y allí confesó sus pecados a Jehová. Cuando los filisteos oyeron que los hijos de Israel estaban en Mizpa, los príncipes de los filisteos fueron para atacar al pueblo de Dios. Al oír esto, los israelitas temieron y pidieron a Samuel que clamara a Dios por ellos. El profeta ofreció un cordero entero en sacrificio a Jehová y clamó a favor de Israel, y Dios respondió la oración de Samuel.

Cuando los filisteos llegaron para pelear contra Israel, Dios "tronó aquel día con gran estruendo sobre los filisteos, y los atemorizó" (7:10). Al ver esto, los israelitas salieron de Mizpa para perseguir a los filisteos y matarlos.

El profeta edificó un altar de piedra entre Mizpa y Sen y le puso el nombre de Eben-ezer, diciendo: "Hasta aquí nos ayudó Jehová" (7:12). Eben-ezer significa "piedra de ayuda". Ese lugar haría recordar al pueblo de Israel que Jehová es quien ayuda y provee.

Durante la vida de Samuel, Jehová ayudó a los israelitas en la guerra contra los filisteos. Samuel viajó por todo Israel y juzgó al pueblo de Dios todo el tiempo que vivió. Después de cada viaje regresaba a Ramá, porque en esa ciudad estaba su casa y "edificó allí un altar a Jehová" (7:17).

Cuando Samuel envejeció, nombró a sus hijos para que fuesen jueces sobre Israel. Joel y Abías no anduvieron en los caminos de su padre y se corrompieron (8:3). Así que los ancianos de Israel fueron a Ramá para hablar con Samuel. Le dijeron: "He aquí tú has envejecido, y tus hijos no andan en tus caminos; por tanto, constitúyenos ahora un rey que nos juzgue, como tienen todas las naciones" (8:5).

Samuel oró a Jehová y no agradó al Señor la petición de su pueblo; sin embargo, le dijo a Samuel: "Oye la voz del pueblo en todo lo que te digan; porque no te han desechado a ti, sino a mí me han desechado, para que no reine sobre ellos" (8:7). Luego Jehová le dijo a Samuel que les advirtiera en forma solemne cómo los trataría el rey que reinaría sobre ellos.

Samuel comunicó a los israelitas lo que había dicho Jehová: "El rey forzará a los jóvenes a servirle como sus jefes. Los varones harán armas de guerra. Tomará lo mejor de las tierras, del grano, de las viñas y de sus rebaños. El rey los hará esclavos. Y aquel día ustedes clamarán a causa del rey que eligieron, pero Jehová no responderá vuestro clamor".

Lamentablemente el pueblo no quiso escuchar a Samuel, porque quería tener rey como todas las naciones. Quería un rey que lo dirigiera en todas las guerras (8:20).

Samuel le dijo a Jehová lo que el pueblo quería. Y Dios le ordenó a su siervo que escuchara al pueblo y que le diera un rey. Jehová permitió que los israelitas eligieran tener rey, aunque sabía que su pueblo no estaba haciendo una buena decisión.

Pida a los alumnos que respondan las siguientes preguntas. No hay respuestas falsas o verdaderas. El propósito es ayudar a los niños para que comprendan la historia bíblica y la apliquen a su vida.

1. ¿De qué manera la piedra Eben-ezer ayudó para que los israelitas recordaran la fidelidad de Dios?

2. ¿Por qué los israelitas pidieron un rey? ¿Por qué esa petición enojó a Dios?

3. Si ustedes fueran israelitas y escucharan la advertencia de Samuel respecto al rey, ¿desearían un rey? ¿Por qué?

4. ¿Cómo se relaciona el versículo para memorizar con la lección y con sus vidas?

Pregúnteles: ¿Cuáles son las decisiones que hacen? Algunas decisiones son fáciles y otras difíciles. Los israelitas decidieron servir a un rey y no a Jehová. Dios no estaba contento con la decisión de su pueblo; sin embargo, él permitió que tuvieran un rey.

Dios nos da la libertad de elegir. No nos fuerza a seguirlo. Él prefiere que lo hagamos libremente y que lo amemos.

VERSÍCULO PARA MEMORIZAR

Aprenda el versículo para memorizar. Encontrará sugerencias en la página 129.

ACTIVIDADES ADICIONALES

Elija una de las siguientes opciones para que los niños estudien la Biblia.

1. Lea 1 Samuel 7:3. Pregúnteles: ¿Cuáles son los objetos o personas que son como ídolos en sus vidas? ¿Por qué deben alejarse de esos ídolos?

¿Por qué deben servir sólo a Dios con todo el corazón?

2. Lea 1 Samuel 8:19-20. Pregúnteles: ¿Por qué los israelitas deseaban un rey? ¿Cuál fue la razón para que pidieran un rey? ¿Era una razón buena o mala? ¿Por qué?

PREGUNTAS PARA LA COMPETENCIA (NIVEL BÁSICO)

Lea 1 Samuel 7:20—8:22 para preparar a los niños y niñas para la competencia.

1 ¿Por qué los israelitas se reunieron en Mizpa? (7:6)

1. Para ayunar.

2. Para confesar sus pecados.

3. Ambas respuestas son correctas.

2 ¿Cómo reaccionaron los príncipes de los filisteos cuando oyeron que los israelitas estaban reunidos en Mizpa? (7:7)

1. Robaron el arca de los israelitas.

2. Fueron a Mizpa para atacar a los israelitas.

3. Ambas respuestas son correctas.

3 ¿Cuál es el nombre de la piedra que Samuel puso entre Mizpa y Sen? (7:12)

1. Eben-ezer

2. Alabastro

3. Mizpa

4 ¿Cómo se llamaban los hijos de Samuel? (8:2)

1. Ofni y Finees

2. Joel y Abías

3. Elcana y Elí

5 ¿Cuáles de estos pecados cometieron los hijos de Samuel? (8:3)

1. Aceptaron soborno.

2. Mataron a un hombre.

3. Robaron ganado.

6 ¿A quién rechazó Israel como su rey? (8:7)

1. A Samuel

2. A Jehová

3. A Elí

7 ¿Qué haría el rey a los hijos de Israel? (8:12)

1. Jefes de miles y de cincuentenas.

2. Fabricantes de armas de guerra.

3. Ambas respuestas son correctas.

8 ¿De dónde tomaría el rey el diezmo? (8:15, 17)

1. Del grano, de las viñas y de los rebaños

2. De los sueldos

3. Ambas respuestas son correctas.

9 ¿Qué le dijo Jehová a Samuel respecto al rey que Israel pedía? (8:22)

1. "Oye su voz, y pon rey sobre ellos".

2. "No les des un rey".

3. "Nombra a tu hijo como rey".

10 Termina el siguiente versículo: "Buscad a Jehová y su poder; buscad su rostro continuamente. Haced memoria de las maravillas que ha hecho..." (1 Crónicas 16:11-12)

1. "... de sus prodigios, y de los juicios de su boca".

2. "... de su misericordia y de sus leyes".

3. "... de su amor, y de las batallas que ganó".

PREGUNTAS PARA LA COMPETENCIA (NIVEL AVANZADO)

Lea 1 Samuel 7:2–8:22 para preparar a los niños y niñas para la competencia.

1 ¿Qué le dijo Samuel al pueblo para que regresara a Dios de todo corazón? (7:3)

1. Destruyan los ídolos de los baales y a Astarot.
2. Conságrense a Jehová.
3. Sirvan sólo a Jehová.
4. **Todas las respuestas son correctas.**

2 ¿Cómo reaccionó Jehová cuando Samuel le presentó la petición del pueblo? (7:9)

1. Jehová le dijo que no escuchara al pueblo.
2. Jehová se negó a responder a su profeta.
3. **Jehová le oyó.**
4. Jehová no hizo nada.

3 Mientras Samuel sacrificaba el holocausto, los filisteos comenzaron a atacar a Israel. ¿Qué hizo Dios? (7:10)

1. "Tronó aquel día con gran estruendo sobre los filisteos".
2. "Los atemorizó".
3. "Fueron vencidos delante de Israel".
4. **Todas las respuestas son correctas.**

4 ¿Qué pasó con los filisteos todos los días de Samuel? (7:13)

1. Jehová los salvó.
2. La mano de Jehová estaba con ellos.
3. Jehová los ayudó a prosperar.
4. **La mano de Jehová estaba contra ellos.**

5 ¿Por cuánto tiempo juzgó Samuel a Israel? (7:15)

1. Por unos años más.
2. **Todo el tiempo que vivió.**
3. Por pocos días.
4. Por pocos meses.

6 ¿Por qué Samuel regresó a Ramá, el lugar donde nació? (7:17)

1. Su casa estaba allí.
2. Allí juzgaba a Israel.
3. Allí edificó un altar a Jehová.
4. **Todas las respuestas son correctas.**

7 Cuando Samuel envejeció, ¿a quiénes puso como jueces? (8:1)

1. A Saúl y David
2. A sus hermanos
3. **A sus hijos**
4. A sus padres

8 Después que los israelitas decidieron tener rey, ¿qué quería Jehová que Samuel les dijera? (8:9)

1. Cómo debían comportarse con un rey.
2. **Cómo los trataría el rey que reinaría sobre ellos.**
3. Quién sería el rey.
4. Todas las respuestas son correctas.

9 ¿Qué dijo el pueblo cuando Samuel le advirtió respecto al rey? (8:19)

1. "No queremos que reines sobre nosotros".
2. "Deseamos elegir un rey".
3. **"Habrá rey sobre nosotros".**
4. "Nosotros deseamos dirigir nuestra vida".

10 ¿Por qué el pueblo quería tener un rey? (8:20)

1. Querían ser como las otras naciones.
2. Querían que el rey gobernara sobre ellos.
3. El rey iría delante de ellos para pelear sus guerras.
4. **Todas las respuestas son correctas.**

1 Samuel 9:1—10:1, 17-24

VERSÍCULO PARA MEMORIZAR

"Porque Dios es el Rey de toda la tierra; cantad con inteligencia" (Salmos 47:7).

VERDAD BÍBLICA

Dios ministra a su pueblo incluso cuando hacen malas decisiones.

PROPÓSITO

En esta lección los niños aprenderán que Dios quiere que su pueblo haga la voluntad de su Creador. Él está dispuesto a ayudarles, incluso cuando hacen malas decisiones.

SUGERENCIAS PARA LA ENSEÑANZA

Que los estudiantes recuerden que aunque Dios no estaba de acuerdo con lo que su pueblo pidió, continuó ayudándoles y permitió que tuvieran su rey. Él nos da libertad para elegir entre lo bueno y lo malo.

COMENTARIO BÍBLICO

Lea 1 Samuel 9:1—10:1, 17-24. Un hombre llamado Cis había perdido sus asnas y envió a su hijo Saúl para que las buscara. Saúl tomó algunos criados de la casa de su padre y fue al pueblo de Zuf, donde vivía el profeta Samuel.

Un día antes, Jehová le había dicho a Samuel: "Mañana a esta misma hora yo enviaré a ti un varón de la tierra de Benjamín, al cual ungirás por príncipe sobre mi pueblo Israel" (9:16).

Samuel convocó al pueblo para anunciarle la voluntad de Jehová, pero todas las tribus de Israel debían reunirse y presentarse delante de él. Así lo hicieron. Designaron a la tribu de Benjamín, y de ella eligieron a la familia de Matri, de donde vendría el rey de los israelitas. Esta era una prueba para que el pueblo de Israel supiera que Dios había elegido a Saúl como rey. Saúl estaba sorprendido por todos estos acontecimientos y se escondió. Cuando lo encontraron, lo presentaron ante el pueblo y este gritó con alegría (10:24).

Tiempo después esa decisión le trajo a Israel muchos problemas. Sin embargo, es justo reconocer que Saúl ayudó a Israel para comenzar una nueva etapa en la vida del pueblo bajo la dirección de un rey.

CARACTERÍSTICAS DE DIOS

+ Dios sigue ayudando a su pueblo, incluso cuando hacen malas decisiones.
+ Dios nos ayuda para que conozcamos su voluntad.

PALABRAS RELACIONADAS CON NUESTRA FE

+ **Unción** significa el derramamiento de aceite sobre la cabeza de alguien. Los reyes, sacerdotes y profetas eran objeto de este acto de consagración y bendición. Era un testimonio para que el pueblo supiera que Dios había elegido a esa persona para una tarea importante.

PERSONAJES

+ **Cis** era el padre de Saúl.
+ **Saúl** fue el primer rey de Israel.
+ **Vidente** era un profeta. Recibía los mensajes de Dios por medio de sueños o visiones.

OBJETOS

+ **Siclo** era una unidad de medida, más o menos 12 gramos.
+ **Redoma** era una jarra de arcilla con una abertura angosta. Generalmente se usaba para guardar aceite.

ACTIVIDAD

Usted necesitará lo siguiente para esta actividad:

+ 4 hojas de cartulina tamaño carta
+ Unas tijeras
+ Un marcador o plumón
+ Una corona dorada de cartulina

Antes que lleguen sus alumnos, corte cada hoja de cartulina en cuatro tiras de igual tamaño. En cada una escriba una palabra del versículo para memorizar y la cita bíblica. Remplace las siguientes palabras con símbolos; por ejemplo, *Rey* (la figura de una corona); *tierra* (una fotografía de nuestro planeta Tierra); y *cantad* (una nota musical). Mezcle todas las tiras de cartulina.

Para comenzar, distribuya cada una de las tiras de cartulina con las palabras del versículo para memorizar. Pida que sus alumnos se paren en fila para formar las palabras del versículo en el orden correcto. Luego, que repitan el versículo mostrando cada uno la tira de cartulina con la palabra escrita. También pida que toda la clase repita el versículo para memorizar, pero esta vez usen las tiras de cartulina donde dibujaron los símbolos.

Sobre la cabeza del niño que tiene el símbolo de la corona, coloque la corona de cartulina. Pídale que le ayude a dar la lección. Dígale: **Tú eres el rey en este día. Aprenderemos acerca de un hombre que llegó a ser rey.**

LECCIÓN BÍBLICA

Antes de enseñar a sus alumnos, prepare la siguiente historia basada en 1 Samuel 9:1—10:1, 17-24.

Cis, un varón de la tribu de Benjamín, tenía un hijo joven y muy apuesto llamado Saúl. Era el más alto de todos los jóvenes. Cuando Cis perdió sus asnas, le pidió a Saúl que llevara con él un siervo para ir a buscarlas. Saúl y el siervo caminaron por varios días. Cuando llegaron a la región de Zuf, Saúl le dijo al siervo: "Volvámonos; porque quizá mi padre, abandonada la preocupación por las asnas, estará acongojado por nosotros" (9:5).

El siervo le dijo a Saúl: "He aquí ahora hay en esta ciudad un varón de Dios, que es hombre insigne... Quizá nos dará algún indicio acerca del objeto por el cual emprendimos nuestro camino" (9:6).

Saúl le respondió a su criado diciendo: "Vamos ahora; pero ¿qué llevaremos al varón? Porque el pan de nuestras alforjas se ha acabado, y no tenemos qué ofrecerle al varón de Dios. ¿Qué tenemos?" (9:7)

El siervo respondió: "He aquí se halla en mi mano la cuarta parte de un siclo de plata; esto

daré al varón de Dios, para que nos declare nuestro camino".

Y cuando entraban en la ciudad, Samuel venía hacia ellos porque un día antes Jehová le había dicho a Samuel: "Mañana a esta misma hora yo enviaré a ti un varón de la tierra de Benjamín, al cual ungirás por príncipe sobre mi pueblo Israel" (9:16).

Cuando Samuel miró a Saúl, Jehová le dijo: "He aquí éste es el varón del cual te hablé; éste gobernará a mi pueblo".

Saúl le dijo a Samuel: "Te ruego que me enseñes dónde está la casa del vidente".

Samuel le respondió: "Yo soy el vidente; sube delante de mí al lugar alto, y come hoy conmigo, y por la mañana te despacharé... Y de las asnas que se te perdieron hace ya tres días, pierde cuidado de ellas, porque se han hallado. Mas ¿para quién es todo lo que hay de codiciable en Israel, sino para ti y para toda la casa de tu padre?" (9:20).

Saúl le respondió: "¿No soy yo hijo de Benjamín, de la más pequeña de las tribus de Israel? Y mi familia ¿no es la más pequeña de todas las familias de la tribu de Benjamín? ¿Por qué, pues, me has dicho cosa semejante?"

Entonces Samuel tomó a Saúl y a su criado, y los llevó a la sala, les dio el mejor lugar, a la cabecera de los convidados, y la mejor parte de la carne, y Saúl comió como un rey.

Al día siguiente Samuel habló con Saúl, luego tomó una redoma con aceite y la derramó sobre su cabeza y lo besó. Y le dijo: "¿No te ha ungido Jehová por príncipe sobre su pueblo Israel?" (10:1).

Más tarde, Samuel convocó al pueblo delante de Jehová en Mizpa para elegir un rey. Y Samuel dijo: "Así ha dicho Jehová el Dios de Israel: Yo saqué a Israel de Egipto... pero vosotros habéis desechado hoy a vuestro Dios".

Samuel les dijo que se presentaran delante de Jehová por tribus y familias. Llamó luego a la tribu de Benjamín, y de entre esa tribu eligió a la familia de Matri, y de esa familia llamaron a Saúl, hijo de Cis, pero cuando lo buscaron, no lo hallaron.

Preguntaron a Jehová si no había venido allí aquel varón. Y respondió Jehová: "He aquí que él está escondido entre el bagaje" (10:22). Algunos de ellos fueron y lo trajeron de allí, y lo pusieron en medio del pueblo.

Samuel dijo a todo el pueblo: "¿Habéis visto al que ha elegido Jehová, que no hay semejante a él en todo el pueblo?" (10:24).

Entonces el pueblo clamó con alegría: "¡Viva el rey!"

Pida a los alumnos que respondan las siguientes preguntas. No hay respuestas falsas o verdaderas. El propósito es ayudar a los niños para que comprendan la historia bíblica y la apliquen a su vida.

1. En 1 Samuel 9:16, Dios le dijo a Samuel que al día siguiente vería al varón que sería rey de los israelitas. ¿Cómo creen que reaccionó Samuel ante el mensaje de Dios? ¿Qué harían ustedes?

2. ¿Cuál fue la respuesta de Samuel cuando conoció a Saúl? ¿Piensan que Samuel creyó que Saúl era la persona indicada para ser rey?

3. ¿Cómo creen que se sintió Saúl cuando Samuel lo ungió para ser rey? Lean 1 Samuel 10:9, ¿por qué Saúl cambió de actitud?

4. ¿Qué creen que dijo el pueblo cuando supo que su futuro rey se estaba escondiendo?

Haga el siguiente comentario: A veces hacemos malas decisiones y generalmente las consecuencias son negativas. Los israelitas deseaban seguir a un rey, y no a Jehová. Por supuesto, a Jehová no le agradó la decisión de su pueblo; sin embargo, les ayudó a encontrar un buen rey. A veces Jehová nos ayuda aun cuando hacemos malas decisiones.

VERSÍCULO PARA MEMORIZAR

Aprenda el versículo para memorizar. Encontrará sugerencias en la página 129.

ACTIVIDADES ADICIONALES

Elija una de las siguientes opciones para que los niños estudien la Biblia.

1. Diga: **Dios llamó a Saúl y Gedeón para una tarea especial. Lea Jueces 6:1-40. Compare la forma en que Jehová llamó a Saúl y la forma en que llamó a Gedeón. ¿Cómo respondieron ellos al llamado de Dios? ¿Fueron sus respuestas similares o diferentes?** Anote en la pizarra las respuestas de sus alumnos. Pregunte: **¿Qué pensó Dios cuando escuchó la respuesta a su llamado?**

2. Lea 1 Samuel 9:21. **Saúl era de la tribu de Benjamín. ¿Qué quiso decir Saúl cuando les hizo recordar que él era de la tribu más pequeña de Israel?** Para encontrar una respuesta, lea Jueces 20:46-48.

3. Pregunte: **¿Por qué creen que Jehová escogió a Saúl para ser el primer rey de Israel? ¿Qué tipo de rey creen que sería Saúl?**

PREGUNTAS PARA LA COMPETENCIA (NIVEL BÁSICO)

Lea 1 Samuel 9:1—10:1, 17-24, para preparar a los niños y niñas para la competencia.

1 **¿Cómo describe la Biblia a Saúl? (9:2)**

  1. De hombros arriba sobrepasaba a cualquiera del pueblo.

  2. Era joven y hermoso.

  3. Ambas respuestas son correctas.

2 **¿A quién llevó Saúl para ir en busca de las asnas de su padre? (9:3)**

  1. A David

  2. Al hermano de Saúl

  3. A un criado

3 **De acuerdo a la sugerencia del criado, ¿a quién debía ver Saúl en el pueblo de Zuf? (9:6)**

  1. A un varón de Dios

  2. A la familia de Saúl

  3. Las dos respuestas son correctas

4 **¿Qué daría el siervo de Saúl al varón de Dios? (9:8)**

  1. La mitad de un siclo de oro

  2. La cuarta parte de un siclo de plata

  3. Un siclo de bronce

5 **¿Qué le dijo Jehová a Samuel acerca de Saúl? (9:15-16)**

  1. "No unjas a este hombre como líder de Israel".

  2. "Al cual ungirás por príncipe sobre mi pueblo de Israel".

  3. "Este hombre no seguirá mis caminos".

6 ¿Qué derramó Samuel sobre la cabeza de Saúl? (10:1)

1. Una redoma de aceite

2. Una gota de agua

3. Una jarra de agua

7 ¿Cómo debía presentarse el pueblo delante de Jehová? (10:19)

1. Por familias

2. Por grupos de 30

3. Por tribus y millares (o clanes)

8 ¿A quién escogió Jehová para ser rey de Israel? (10:21)

1. Salomón

2. Saúl

3. David

9 ¿Dónde se escondió Saúl cuando fue elegido rey? (10:22)

1. En la casa de Samuel

2. En la casa de su padre

3. Entre el bagaje

10 ¿Qué dijo el pueblo cuando Samuel anunció a Saúl como el nuevo rey? (10:24)

1. "¡Queremos a David como rey!"

2. "¡Viva el rey!"

3. "¡No lo queremos como rey!"

PREGUNTAS PARA LA COMPETENCIA (NIVEL AVANZADO)

Lea 1 Samuel 9:1–10:1, 17-24 para preparar a los niños y niñas para la competencia.

1 ¿Cómo describió el criado de Saúl al varón de Dios? (9:6)

1. Es tranquilo y ora con frecuencia.

2. No dice la verdad, pero el pueblo confía en él.

3. Es hombre insigne; todo lo que él dice acontece sin falta.

4. Él es alto y siempre está dando consejos.

2 ¿Cuál fue la pregunta de Saúl y de su criado a las doncellas que salieron por agua? (9:11).

1. "¿Está en este lugar el vidente?"

2. "¿Quién es el vidente?"

3. ¿Dónde está el vidente?"

4. "¿Cuándo retornará el vidente?"

3 En el banquete, ¿por qué el pueblo tenía que esperar al profeta para comer? (9:13)

1. Era mala educación comer antes que el profeta viniera.

2. Él traía toda la comida.

3. Él tenía que bendecir el sacrificio.

4. Todas las respuestas anteriores.

4 ¿Cuándo le habló Jehová a Samuel acerca de Saúl? (9:15)

1. Dos horas antes que Saúl viniera.

2. En la mañana, cuando vino Saúl.

3. Dos semanas antes que Saúl viniera.

4. Un día antes que Saúl viniese.

5 ¿De la mano de quiénes salvaría Saúl a los israelitas? (9:16)

1. **De los filisteos**
2. De los moabitas
3. De los egipcios
4. De los cananeos

6 Después que Samuel vio a Saúl, ¿qué le dijo Jehová? (9:17)

1. "Este es el hombre a quien quiero que unjas como sacerdote".
2. "No dejes que este hombre malo entre en la ciudad".
3. **"He aquí éste es el varón del cual te hablé; éste gobernará a mi pueblo".**
4. "Dile a este hombre dónde están sus asnas".

7 En la sala del banquete, ¿qué lugar les dio Samuel a Saúl y sus criados? (9:22)

1. En la mitad de la mesa
2. Sobre tronos
3. **A la cabecera de los convidados**
4. Cerca de la cocina

8 Cuando el pueblo se reunió en Mizpa, ¿qué les dijo Samuel a los hijos de Israel? (10:17-18)

1. "Quiero que tú me sigas".
2. "Te ayudé cuando estabas en necesidad".
3. **"Yo saqué a Israel de Egipto".**
4. Todas las respuestas anteriores.

9 ¿Qué hizo Israel contra Jehová, el Señor que lo salvó? (10:19)

1. Lo siguió.
2. **Lo rechazó.**
3. Obedeció sus leyes.
4. Todas las respuestas de arriba.

10 Terminen el versículo: "Porque Dios es el Rey de toda la tierra; ..." (Salmos 47:7)

1. **"...cantad con inteligencia".**
2. "...canten al Señor todo el día".
3. "...eleven a él cantos de alabanza".
4. "...alaben su nombre; proclamen su gloria".

VERDAD BÍBLICA

Dios es fiel con su pueblo pero pide que éste le obedezca.

PROPÓSITO

En esta lección los niños aprenderán que Dios es fiel con su pueblo. Al mismo tiempo, Dios pide que seamos fieles y obedientes a él.

SUGERENCIAS PARA LA ENSEÑANZA

Que los alumnos sepan que Saúl mostró su verdadera personalidad por medio de sus acciones. En 1 Samuel 10:8 Samuel le dijo a Saúl que lo esperara siete días; pero Saúl no lo hizo porque era impaciente y estaba asustado. A pesar de que iba contra la voluntad de Dios, creyó que ofreciendo sacrificio a Jehová habría más posibilidad de que Israel ganara la batalla. Saúl desobedeció a Samuel y también a Dios.

COMENTARIO BÍBLICO

Lea 1 Samuel 12:1—13:15. En el capítulo 11, Saúl guió a los israelitas en la batalla y derrotó a los amonitas. Antes de la batalla, muchos en Israel no estaban seguros de que Saúl era el rey que el pueblo necesitaba; pero, después de ella, quedaron convencidos de que él era el rey que Jehová había elegido para Israel.

En esta lección veremos que Samuel habló a los israelitas y les preguntó si él los había tratado mal. La respuesta del pueblo fue que él nunca los había calumniado ni agraviado.

El profeta les hizo recordar a los israelitas todo lo que Dios había hecho por ellos. Cuando eran obedientes al Señor, él les proveía todo y los rescataba cuando estaban en situaciones estresantes, y el pueblo comprendió que siempre podía confiar en Jehová.

También les hizo recordar que fueron ellos quienes habían pedido rey y Dios respondió esa petición. De esa manera comprendieron que su rey humano estaba bajo la autoridad de Jehová, el verdadero Rey. Si los israelitas obedecían a Dios, él los prosperaría; si no le obedecían, los castigaría. El pueblo prometió permanecer fiel a Jehová.

En la siguiente batalla que Israel tuvo que enfrentar, Saúl no pasó la prueba porque no confió en Dios ni le obedeció. Aunque sólo los sacerdotes debían ofrecer sacrificios, él quiso que alguien más lo hiciera. Por esa razón no esperó a Samuel y ofreció holocausto a Jehová. Samuel le dijo a Saúl que no había guardado el mandamiento de Jehová, y por eso su reino no sería duradero.

CARACTERÍSTICAS DE DIOS

+ Dios quiere que le obedezcamos.
+ Dios es siempre fiel.

PERSONAJES

+ **Moisés** fue un siervo de Jehová que liberó a los israelitas de la esclavitud en Egipto.
+ **Aarón** era el hermano de Moisés.
+ **Jacob** fue hijo de Isaac. Después que su hijo José llegó a ser líder en Egipto, llevó a su familia a ese país para vivir allí.
+ **Amonitas** eran enemigos de Israel.
+ **Jonatán** era hijo de Saúl.

LUGARES

+ **Hazor** era una ciudad situada al norte del mar de Galilea. El libro de Jueces nos relata que los israelitas fueron maltratados por 20 años por el ejército de Hazor.
+ **Micmas** era una ciudad situada siete millas (11 kilómetros) al noreste de Jerusalén.
+ **Moab** era un país situado al este del mar Muerto.
+ **Gabaa** era una ciudad situada al sur de Micmas.
+ **Gilgal** era el lugar donde Samuel ofreció holocausto después que Saúl fue ungido como rey.

ACTIVIDAD

El maestro hará el papel de Samuel. Debe ponerse de pie mirando a los estudiantes. Diga: **Soy Samuel. Les daré algunas instrucciones. Quiero que me imiten, pero antes tienen que escuchar la siguiente frase: "Samuel dice".** Imiten lo que yo esté haciendo sólo cuando les diga "Samuel dice". Si digo "Samuel dice: 'Levanten las manos'", entonces levanten las manos. Pero si sólo digo "Levanten las manos", no imiten lo que hago porque no dije "Samuel dice". Practiquen por un momento hasta que los alumnos entiendan el juego.

Use varias frases que muestren acción. Algunas veces comience diciendo "Samuel dice". Las frases que use llevarán a realizar las siguientes acciones: Toca tu cabeza, sonríe, mueve la mano, toca tus pies, da una vuelta, o siéntate. Puede añadir otras acciones para continuar con el juego.

Diga: **En este juego ustedes escucharon la orden del líder y decidieron imitarlo. Es un juego que los llevó a hacer decisiones rápidas. En la lección de hoy veremos que Saúl se enfrentó a varias decisiones que eran más difíciles que el juego que tuvimos hoy.**

LECCIÓN BÍBLICA

Antes de enseñarla a sus alumnos, prepare la siguiente historia basada en 1 Samuel 12:1—13:15.

Los israelitas se reunieron en Gilgal para apoyar a Saúl como su rey. Samuel habló al pueblo y le dijo que había escuchado todas sus peticiones. Ya tenían un rey que gobernaba sobre ellos. Para entonces, Samuel ya estaba anciano y con canas, y había servido a la nación como su líder desde que era joven (12:2). Y pidió al pueblo que le dijera, delante de Dios, si él había obrado injustamente con ellos, si había tomado el buey o el asno de alguno, si había calumniado o agraviado a alguien o tomado cohecho, porque estaba dispuesto a restituir (13:3).

La respuesta del pueblo fue: "Nunca nos has calumniado ni agraviado, ni has tomado algo de la mano de ningún hombre" (13:4).

Luego, Samuel les hizo recordar cuán justo fue Jehová con ellos y sus padres, y enumeró las formas en que Dios había ayudado al pueblo de Israel.

Cuando los israelitas estaban en Egipto, clamaron a Jehová y él les envió a Moisés y Aarón para liberarlos de Egipto. Pero, los israelitas se olvidaron de Jehová; por eso permitió que el ejército de Hazor, los filisteos y el rey de Moab les hicieran la guerra.

Al ver la situación en que estaban, los israelitas clamaron a Jehová, se arrepintieron y pidieron que los liberara, y el Señor escuchó ese clamor (13:10-11).

Luego, aunque Jehová era el Rey, el pueblo pidió un rey para que gobernara sobre ellos. Nuevamente, Dios permitió que tuvieran un rey.

Esta vez Samuel les advirtió que debían temer, servir y oír a Jehová, porque él quería que su pueblo obedeciera sus mandamientos. Si el rey y el pueblo obedecían a Jehová, les iría bien en todo; de lo contrario, la mano del Señor estaría contra ellos como lo estuvo contra sus padres.

Era el tiempo de la siega del trigo, y Samuel pidió a Jehová que enviara truenos y lluvias; de esa manera el pueblo se daría cuenta de su rebeldía por haber pedido rey.

Dios oyó la oración de Samuel y envió truenos y lluvia. Entonces el pueblo le dijo a Samuel que orara por ellos para que no murieran, y Samuel respondió: "Vosotros habéis hecho todo este mal; pero con todo eso no os apartéis de en pos de Jehová, sino servidle con todo vuestro corazón" (13:20).

Saúl tenía 30 años cuando fue coronado como rey y gobernó sobre Israel por 42 años. Eligió 3,000 varones para que sirvieran en el ejército de Israel. Dos mil permanecieron con Saúl y mil fueron con Jonatán. El ejército de Jonatán atacó a los filisteos, y éstos reunieron un ejército de 30,000 carros y un pueblo numeroso como la arena del mar, para pelear contra Israel. Los filisteos acamparon en Micmas y allí esperaron a los israelitas.

Cuando el pueblo de Israel vio que su situación era crítica, se escondió en cuevas, pero Saúl permaneció en Gilgal y todo el pueblo estaba tras él temblando. Samuel le había dicho a Saúl que esperara su llegada para presentar ofrenda de holocausto, y Saúl lo esperó siete días, pero Samuel no venía a Gilgal y el pueblo se le desertaba (13:8).

Saúl ignoró la ley de Dios y ofreció el holocausto. Y cuando él acababa de ofrecer el holocausto, llegó Samuel. Y le preguntó: "¿Qué has hecho?" Saúl le respondió que se vio forzado a ofrecer el holocausto.

Samuel le dijo que había actuado locamente y que su reino no duraría (13:13-14), porque no había guardado el mandamiento de Jehová. Por tanto, el Señor "se ha buscado un varón conforme a su corazón, al cual ha asignado para que sea príncipe sobre su pueblo" (13:14).

Samuel se fue de Gilgal a Gabaa, y Saúl contó la gente que se hallaba con él; eran como 600 varones.

Pida a los alumnos que respondan las siguientes preguntas. No hay respuestas falsas o verdaderas. El propósito es ayudar a los niños para que comprendan la historia bíblica y la apliquen a su vida.

1. ¿Por qué Samuel dedicó tanto tiempo para hacer recordar a los israelitas lo que Dios hizo por ellos? Haga una lista de las distintas formas en que Dios ayudó a sus alumnos.

2. Samuel pidió a Jehová que enviara tormenta y lluvia, y lo hizo, aunque no era época de lluvia. ¿Qué les enseñó este milagro a los israelitas?

3. Lea Samuel 10:8 y luego 13:8-14. ¿Cuál fue el mal que hizo Saúl? ¿Qué debió hacer? Si ustedes fueran Saúl, ¿qué hubieran hecho?

4. ¿Cómo se relaciona el versículo para memorizar con esta historia?

Diga: Si el pueblo es fiel, puede confiar en que cumplirá sus promesas. Samuel les hizo recordar a los israelitas la fidelidad de Dios. ¿En qué forma Jehová fue fiel a los israelitas?

¿Cómo los ayudó Jehová a ustedes, a su familia y a sus amigos? Dios les mostró su fidelidad y quiere que ustedes también sean fieles a él. Somos fieles a Dios cuando obedecemos sus mandamientos. ¿Cómo pueden ustedes mostrar su fidelidad a Jehová cada día? Cada día tienen que hacer decisiones. Elijan ser fieles a Dios y obedecer su voluntad.

VERSÍCULO PARA MEMORIZAR

Aprenda el versículo para memorizar. Encontrará sugerencias en la página 129.

ACTIVIDADES ADICIONALES

Elija una de las siguientes opciones para que los niños estudien la Biblia.

1. Haga un cuadro cronológico de la vida de Samuel. Incluya los eventos importantes relatados en 1 Samuel 1—13. ¿En qué forma estos eventos en la vida de Samuel muestran su amor a Dios? ¿Qué aprendieron de Samuel como juez y profeta?

2. Lea 1 Samuel 10:8 y 13:7-13. ¿Cuáles fueron las instrucciones de Samuel para Saúl? Recuerden las situaciones que muestran cuán importante es para una persona seguir instrucciones, aun cuando no las entienda completamente. ¿Cuáles son las instrucciones o mandamientos que Dios nos ha dado?

PREGUNTAS PARA LA COMPETENCIA (NIVEL BÁSICO)

Lea 1 Samuel 12:1- 13:15 para preparar a los niños y niñas para la competencia.

1 ¿A quién puso Samuel sobre Israel para que lo dirigiera? (12:1)

1. A un sacerdote
2. a un juez
3. **A un rey**

2 ¿Quién dijo: "Atestiguad contra mí si he tomado el asno de alguno", "si he calumniado a alguien"? (12:1, 3)

1. **Samuel**
2. David
3. Saúl

3 ¿Quién llamó a Moisés y a su hermano Aarón para que liberaran a Israel de la esclavitud? (12:6)

1. Samuel
2. **Jehová**
3. José

4 ¿Qué les hizo recordar el profeta Samuel a los israelitas? (12:7)

1. **Los hechos de salvación**
2. A sus familiares en Egipto
3. Lo que Moisés y Aarón enseñaron

5 ¿Después de cuántos años de reinado Saúl escogió a tres mil hombres de Israel? (13:1-2)

1. **Después de 2 años**
2. Después de 8 años
3. Después de 20 años

6 ¿Cuándo se escondieron de los filisteos los hombres de Israel? (13:6)

1. "Cuando los hombres de Israel vieron que estaban en estrecho".

2. Cuando estaban contentos.

3. Cuando se escondieron por sus pecados.

7 ¿Cómo reaccionaron los hombres del ejército de Saúl cuando Samuel no vino a Gilgal a tiempo? (13:8)

1. Comenzaron a pelear contra los filisteos.

2. El pueblo comenzó a desertar.

3. Permanecieron con Saúl.

8 ¿Qué pasó cuando Saúl ofreció el holocausto? (13:10)

1. Los filisteos lo atacaron.

2. Samuel llegó a Gilgal.

3. El campo se llenó de oscuridad.

9 ¿Por qué Samuel le dijo a Saúl que su reino no sería duradero? (13:14)

1. Perdió muchas guerras.

2. No guardó lo que Jehová le mandó.

3. Era anciano.

10 Termine el siguiente versículo: "Solamente temed a Jehová y servidle de verdad con todo vuestro corazón, ... (1 Samuel 12:24)

1. "... recuerda siempre a Jehová".

2. "... adórale desde la mañana hasta la noche".

3. "... considerad cuán grandes cosas ha hecho por vosotros".

PREGUNTAS PARA LA COMPETENCIA (NIVEL AVANZADO)

Lea 1 Samuel 12:1—13:15 para preparar a los niños y niñas para la competencia.

1 ¿Desde cuándo estuvo caminando Samuel delante de Israel? (12:2)

1. Desde que nacieron sus hijos.

2. Desde su juventud.

3. Cuando se hizo anciano.

4. Cuando cumplió 30 años.

2 ¿Cuál fue la respuesta del pueblo cuando Samuel le preguntó si los había calumniado o agraviado? (12:3-4)

1. "Nunca nos has calumniado ni agraviado".

2. "Tomaste de nuestra comida sin haber pedido".

3. "No serás perdonado por los pecados de los hijos de Elí".

4. Todas las respuestas de arriba.

3 Durante el discurso de despedida de Samuel, ¿qué les pidió a los israelitas? (12:14)

1. Que temieran a Jehová.

2. Que sirvieran a Jehová y oyeran su voz.

3. Que no fueran rebeldes.

4. Todas las respuestas son correctas.

4 ¿Por qué Samuel pidió a Dios que enviara truenos y lluvias? (12:17)

1. Para regar.

2. Para asustar a los cananeos.

3. Para que el pueblo viera su maldad y rebeldía contra Jehová porque pidieron para ellos un rey.

4. Para inundar el campo de los filisteos.

5 ¿Quién dijo: "No os apartéis de en pos de Jehová, sino servidle con todo vuestro corazón"? (12:20)

1. David
2. Samuel
3. Saúl
4. Elí

6 ¿Qué tenían los filisteos cuando pelearon contra los israelitas en Gabaa? (13:5)

1. 30,000 carros
2. 6,000 hombres de a caballo
3. Pueblo numeroso como la arena que está en el mar.
4. Todas las respuestas de arriba.

7 ¿Dónde se escondieron los israelitas de los filisteos? (13:6)

1. En las cuevas
2. En los fosos
3. En las rocas y cisternas
4. Todas las respuestas de arriba.

8 ¿Cuántos días esperó Saúl a Samuel antes de ofrecer el holocausto? (13:8)

1. Tres semanas
2. Siete días
3. Un mes
4. Dos días

9 ¿Qué le dijo Samuel a Saúl cuando vio que había ofrecido el holocausto? (13:13-14)

1. "Locamente has hecho".
2. "No guardaste el mandamiento de Jehová".
3. "Tu reino no será duradero".
4. Todas las respuestas de arriba.

10 ¿Cómo describió Samuel al rey que Dios había elegido para que gobernara sobre Israel? (13:14)

1. Un varón alto y apuesto.
2. Un varón fuerte.
3. Un varón conforme al corazón de Jehová.
4. Un varón confiable.

VERSÍCULO PARA MEMORIZAR

"Pues no es difícil para Jehová salvar con muchos o con pocos" (1 Samuel 14:6).

VERDAD BÍBLICA

Dios hace milagros.

PROPÓSITO

En esta lección sus alumnos aprenderán que Dios quiere que confiemos en él en cualquier situación. Dios hace milagros.

SUGERENCIAS PARA LA ENSEÑANZA

Que sus alumnos sepan que la impaciencia de Samuel, como se relata en 1 Samuel 13:1-14, no fue una actitud correcta delante de Dios. Saúl se había alejado de Jehová y, por lo mismo, hizo decisiones equivocadas. Que sus alumnos comprendan que si tienen una buena relación con Dios y son obedientes a él, harán decisiones sabias.

COMENTARIO BÍBLICO

Lea 1 Samuel 14:1-23. El campamento de los israelitas estaba cerca de Gabaa. Ahías, miembro de la familia de Elí, era sacerdote durante el reinado de Saúl. Para entonces Jehová había rechazado a la familia de sacerdotes de Elí. Lamentablemente Saúl dependió más en los sacerdotes rechazados por Dios que en Samuel. La decisión de Saúl, de pedir consejo al sacerdote Ahías, muestra su rebeldía contra Dios.

En el campamento estaban Saúl y su hijo Jonatán. Mientras Saúl descansaba, Jonatán y su paje de armas abandonaron el campamento en forma secreta para pelear contra los filisteos.

Jonatán era fiel a Jehová. Sabía que Dios era poderoso y le daría la victoria. Pero, antes de ir a la batalla, esperó la señal de Jehová (v. 10), y cuando la recibió, él y su paje de armas atacaron a los filisteos. En un espacio reducido mataron a 20 hombres. Jehová hizo que los filisteos se llenaran de pánico. La razón por la que los israelitas ganaron la batalla fue porque Jonatán confió en Jehová y fue fiel a él.

CARACTERÍSTICAS DE DIOS

+ Dios ayuda a los que confían en él.
+ Dios hace milagros.

PALABRAS RELACIONADAS CON NUESTRA FE

+ **Milagro** es un hecho asombroso de Dios que muestra su poder.

PERSONAJES

+ **Paje de armas** era un siervo que llevaba las armas de su señor.

- **Ahías** era uno de los parientes de Elí. Fue sacerdote durante el reinado de Saúl.

LUGARES

- **Gabaa** era la capital del reino de Saúl. También fue la ciudad donde nació Saúl.

FRASES

- **Detén tu mano** significa que deje de buscar la voluntad de Dios. Saúl quería que Ahías buscara la voluntad de Jehová para ir a la batalla. Cuando esto tomó mucho tiempo, Saúl le dijo al sacerdote que detuviera su mano. Saúl no quería esperar la respuesta de Dios.

ACTIVIDAD

Para esta actividad necesitará una cuerda, soga delgada o mecate de 50 cms. (19 pulgadas) a 100 cms. (39 pulgadas) de largo. Si es posible, que cada niño o niña tenga una cuerda.

Antes que los niños lleguen a la clase, practique cómo resolver el problema. Encontrará la solución al final de la actividad.

Para comenzar, dé a cada niño o niña una cuerda y pídales que hagan un nudo. Enséñeles cómo hacerlo.

Después dígales: **Ahora cambiaré las instrucciones para que sea más difícil.** Luego dígales que tomen un extremo de la cuerda con una mano y el otro extremo con la otra mano. Pídales que intenten hacer el nudo sin soltar los extremos de la cuerda. Si no tiene cuerdas para todos, permita que otros alumnos intenten hacer el nudo. Si alguno logra hacerlo, que espere a que otros hagan lo mismo.

Después de un tiempo, muéstreles cómo hacer el nudo sin soltar los dos extremos de la cuerda. Primero, coloque la cuerda de manera que los extremos se crucen. Luego, cruce los brazos; con la mano derecha tome el extremo izquierdo de la cuerda, y con la mano izquierda tome el extremo derecho de la cuerda. Ahora separe las manos y el nudo estará hecho.

Dígales: **Muchas veces nos enfrentamos a situaciones difíciles y no sabemos cómo solucionarlas. Pero Dios es poderoso para hacer milagros cuando las circunstancias y situaciones son difíciles de resolver con nuestras propias fuerzas. En esta lección aprenderán cómo Dios hace milagros cuando uno confía en él.**

LECCIÓN BÍBLICA

Antes de enseñar a sus alumnos, prepare la siguiente historia basada en 1 Samuel 14:1-23.

Jonatán, el hijo de Saúl, decidió ir al campamento donde estaban los filisteos, pero no se lo dijo a su padre. El ejército de 600 hombres de Saúl estaba cerca de Gabaa, debajo de un granado que había en Migrón. Pero con 600 hombres no podía hacer nada para ganar al ejército filisteo de miles y miles de soldados.

El campamento de los filisteos se encontraba al otro lado, en un desfiladero donde a ambos lados había peñascos muy altos. Jonatán intentó pasar por allí para encontrar un camino que lo llevara al campamento filisteo.

Le dijo a su paje de armas: "Ven, pasemos al campamento de estos incircuncisos; quizá haga algo Jehová por nosotros, pues no es difícil para Jehová salvar con muchos o con pocos" (14:6).

El paje de armas aceptó ir. Luego Jonatán le dijo: "Vamos a pasar a esos hombres, y nos mostraremos a ellos. Si nos dijeren así: Esperad hasta que lleguemos a vosotros, entonces nos estaremos en nuestro lugar, y no subiremos a ellos. Mas si nos dijeren así: Subid a nosotros, entonces subiremos, porque Jehová los ha entregado en nuestra mano; y esto nos será por señal" (14:8-10).

El plan de Jonatán desafiaba toda logística militar. Generalmente, si dos soldados deseaban atacar a un ejército de muchos soldados, era sabio esconderse hasta el momento apropiado; luego atacarían por sorpresa. Sin embargo, Jonatán sugirió realizar el ataque mostrándose a ellos (14:8). Para que ese plan tuviese éxito, se requería la ayuda de Dios.

Jonatán y su paje de armas se mostraron al ejército de los filisteos. Al verlos los filisteos, dijeron: "He aquí los hebreos, que salen de las cavernas donde se habían escondido" (14:11). Después dijeron: "Subid a nosotros, y os haremos saber una cosa". Inmediatamente Jonatán reconoció que esa era la señal que esperaba de Dios. Él sabía que Jehová le daría la victoria.

Jonatán le dijo a su paje de armas: "Sube tras mí, porque Jehová los ha entregado en manos de Israel" (14:12). Entonces subieron y, en un espacio reducido, mataron a 20 hombres.

Luego hubo pánico en el campamento de los filisteos. Desde Gabaa, los centinelas de Saúl vieron que el ejército de los filisteos iba de un lugar a otro. Y Saúl dijo al pueblo que estaba con él: "Pasad ahora revista, y ved quién se haya ido de los nuestros" (14:17). Cuando pasaron revista, se dieron cuenta de que faltaban Jonatán y su paje de armas.

Y Saúl ordenó a Ahías que trajera el arca de Dios. Ahías era un sacerdote de la familia de Elí. Mientras hablaba con el sacerdote, aumentaba el alboroto que había en el campamento de los filisteos. Entonces dijo Saúl a Ahías: "Detén tu mano". Vemos que Saúl nuevamente estaba impaciente con Dios. Luego reunió a todo el pueblo, fueron hasta el lugar de la batalla y vieron que en el ejército filisteo había gran confusión (14:20), porque con sus espadas se herían el uno al otro.

Los hebreos que estaban con los filisteos se pusieron del lado del pueblo. Los israelitas que se habían escondido en el monte de Efraín (14:22), cuando oyeron que los filisteos huían, también se unieron para perseguir a los filisteos.

Así salvó Jehová a Israel aquel día, y llegó la batalla hasta Bet-avén.

Pida a los alumnos que respondan las siguientes preguntas. No hay respuestas falsas o verdaderas. El propósito es ayudar a los niños para que comprendan la historia bíblica y la apliquen a su vida.

1. El paje de armas fue con Jonatán para pelear contra los filisteos. ¿Qué creen que sintió el paje de armas al ver la situación en que se encontraban?

2. ¿Por qué Jonatán no le dijo a su padre que iba a pelear contra los filisteos?

3. Lea 1 Samuel 2:30-36. Jehová rechazó a todos los sacerdotes que ministraban con Elí; sin embargo, Saúl escogió a Ahías, pariente de Elí, para que fuera sacerdote. ¿Creen que fue una decisión sabia? ¿Por qué?

4. ¿Por qué Jonatán esperó una señal de Dios antes de pelear contra los filisteos? ¿Qué nos dice esa actitud de la fe de Jonatán en Jehová?

5. Lea 1 Samuel 14:16-19. ¿Qué fue lo malo que hizo Saúl?

Diga: Cuando aprendemos más de los milagros que hace Dios, conocemos más acerca de él. Jonatán y su paje de armas derrotaron a 20 filisteos. Eso causó pánico en el ejército filisteo. Estos eventos que fueron obras milagrosas, ¿qué nos dicen acerca de Dios? ¿Creen que los milagros suceden sólo en las historias bíblicas? ¿Ocurren milagros hoy día? ¿Conocen a alguien que experimentó en su vida un milagro de Dios? ¿Han experimentado ustedes un milagro en su vida? ¡Confíen en Dios y crean que él todavía hace milagros!

VERSÍCULO PARA MEMORIZAR

Aprenda el versículo para memorizar. Encontrará sugerencias en la página 129.

ACTIVIDADES ADICIONALES

Elija una de las siguientes opciones para que los niños estudien la Biblia.

1. Dígales: Jonatán tenía mucha fe en Dios. Él y su paje de armas decidieron pelear sin la ayuda del ejército israelita. Fueron a la pelea cuando los filisteos los superaban en número. Por cada uno de ellos había 10 filisteos. Pregúnteles: ¿Cuáles fueron los otros obstáculos que tuvieron que vencer Jonatán y su paje de armas? A pesar de esos obstáculos, ¿qué ganaron ellos? ¿Qué tipo de obstáculos superaron ustedes o algunos de sus amigos o amigas? En medio de esas situaciones, ¿qué observaron en la ayuda que Dios les dio?

2. Que sus alumnos encuentren en la Biblia otros ejemplos de personas que, con la ayuda de Dios, superaron grandes obstáculos. Lea Éxodo 13:17—14:29; Jueces 7 o 2 Crónicas 20:1-30. Pregunte: ¿Pueden mencionar a otras personas que con la ayuda de Dios superaron grandes obstáculos? ¿Cuáles eran las características que tenían en común esas personas?

3. Diga a los niños y niñas: Tenemos la oportunidad de hacer grandes cosas cuando permitimos que Dios trabaje por medio de nosotros.

Pregúnteles: ¿Pueden dar testimonio de un gran milagro en su vida o en la vida de sus amigos? Permita que sus alumnos elijan una de las siguientes formas para dar testimonio de los milagros que recuerdan: que lo digan verbalmente, que lo escriban en un papel o que lo dibujen.

4. Que sus alumnos dramaticen la historia bíblica. Los personajes serán: el rey Saúl, Jonatán, su paje de armas y el ejército filisteo. Use los diálogos de 1 Samuel 14:1-23. Anime a sus alumnos para que armen el escenario con los objetos que estén a su alcance.

PREGUNTAS PARA LA COMPETENCIA (NIVEL BÁSICO)

Lea 1 Samuel 14:1-23 para preparar a los niños y niñas para la competencia.

1 **¿Quién se dio cuenta de que Jonatán había dejado el lugar donde estaba con el pueblo? (14:3)**

1. Icabod
2. Ahías
3. **Nadie**

2 **¿Quién dijo: "Pues no es difícil para Jehová salvar con muchos o con pocos"? (14:6)**

1. El paje de armas de Jonatán
2. **Jonatán**
3. Saúl

3 **¿Qué haría Jonatán si los filisteos decían: "Esperad hasta que lleguemos a vosotros"? (14:9)**

1. Regresarían con Saúl.
2. **Permanecerían en su lugar.**
3. Irían donde estaban los filisteos.

4 ¿Qué dijeron los filisteos cuando vieron a Jonatán y a su paje de armas? (14:11-12)

1. "Esperen allí. Vendremos a ustedes".

2. "Subid a nosotros, y os haremos saber una cosa".

3. Ambas respuestas son correctas.

5 ¿A cuántos filisteos mataron Jonatán y su paje de armas? (14:14)

1. 50

2. 15

3. 20

6 ¿Quién causó pánico en el campamento de los filisteos? (14:14-15)

1. Jonatán y el paje de armas

2. David

3. Saúl

7 ¿Qué les dijo Saúl a sus hombres cuando vio que el ejército de los filisteos estaba turbado? (14:17)

1. "Persigan a los filisteos".

2. "Pasad ahora revista, y ved quién se haya ido de los nuestros".

3. Ambas respuestas son correctas.

8 Cuando hubo alboroto en el campamento de los filisteos, ¿qué le pidió Saúl al sacerdote? (14:19)

1. "Detén tu mano".

2. "Ayuda a los soldados en la batalla".

3. "Esconde el arca".

9 ¿Qué hizo Jehová el día en que los filisteos se llenaron de pánico y alboroto? (14:23)

1. No les ayudó en la batalla.

2. Salvó a Israel.

3. Les dijo a los israelitas a dónde tenían que ir.

10 Termine este versículo: "Pues no es difícil para Jehová salvar..." (14:6)

1. "... con muchos o con pocos".

2. "... con tormenta o lluvia".

3. "... o no salvar".

PREGUNTAS PARA LA COMPETENCIA (NIVEL AVANZADO)

Lea 1 Samuel 14:1-23 para preparar a los niños y niñas para la competencia.

1 ¿Cuál fue la decisión que hizo Jonatán cuando Saúl estaba debajo de un granado que había en Migrón? (14:1-2)

1. Ir a la guarnición de los filisteos.

2. Irse a la casa.

3. Ir a Gabaa.

4. Hacer un pacto con David.

2 ¿Qué le dijo Jonatán a su paje de armas en relación a lo que Jehová podía hacer? (14:6)

1. Movería montañas.

2. Enviaría a los filisteos hacia ellos.

3. Jehová haría algo por ellos.

4. Todas las respuestas son correctas.

3 ¿Qué le dijo el paje de armas a Jonatán respecto a los planes de ir al campamento de los filisteos? (14:7)

1. "No iré contigo".

2. "Volvamos donde está Saúl".

3. "Quiero matar a todos los filisteos".

4. "Vé, pues aquí estoy contigo a tu voluntad".

4 ¿Qué le dijo Jonatán a su paje de armas cuando los filisteos les dijeron "subid a nosotros"? (14:11-12)

1. **"Sube tras mí, porque Jehová los ha entregado en manos de Israel".**

2. "Iré allí y pelearé. Espérame aquí".

3. "Pide que Saúl y su ejército nos ayuden".

4. "Esperaremos que los filisteos vengan hacia nosotros".

5 ¿Qué le pasó al ejército de los filisteos después que Jonatán y su paje de armas mataron a 20 soldados? (14:14-15)

1. El ejército de los filisteos mató a Jonatán.

2. **Hubo pánico en todo el ejército filisteo.**

3. El ejército filisteo escapó.

4. Todas las respuestas son correctas.

6 ¿Qué vieron los centinelas de Saúl cuando el ejército de los filisteos estaba lleno de pánico? (14:16)

1. El ejército vino hacia ellos.

2. **Iban de un lado a otro.**

3. Jonatán y el paje de armas escaparon.

4. Todas las respuestas son correctas.

7 ¿Quiénes faltaban en el ejército de los israelitas cuando Saúl pasó revista? (14:17)

1. **Jonatán y su paje de armas**

2. Saúl y David

3. Saúl y Ahías

4. Jonatán y Ahías

8 ¿Qué le pidió Saúl a Ahías que trajera? (14:18)

1. Una bola de cristal

2. **El arca de Jehová**

3. Un mapa

4. Su espada

9 ¿Qué hicieron los filisteos cuando estaban totalmente confundidos? (14:20)

1. Huyeron del campamento.

2. Comenzaron a pelear contra los israelitas.

3. Mataron a Jonatán y Saúl.

4. **Se mataban el uno al otro con sus espadas.**

10 Cuando los filisteos escaparon del campo de batalla, ¿qué hicieron los israelitas que se habían escondido en Efraín? (14:22)

1. Pelearon contra el ejército de Israel.

2. Escaparon y se escondieron en lo profundo del monte.

3. **Se unieron al ejército de Israel y persiguieron a los filisteos.**

4. Huyeron con los filisteos.

"Y Samuel dijo: ¿Se complace Jehová tanto en los holocaustos y víctimas, como en que se obedezca a las palabras de Jehová? Ciertamente el obedecer es mejor que los sacrificios, y el prestar atención que la grosura de los carneros" (1 Samuel 15:22).

VERDAD BÍBLICA

Dios quiere que seamos responsables por nuestras acciones.

PROPÓSITO

Dios quiere que el pueblo le obedezca. Él castiga a los que continuamente le desobedecen.

SUGERENCIAS PARA LA ENSEÑANZA

Que sus alumnos tengan el tiempo necesario para expresar lo que sienten en relación a la actitud de Saúl. Tal vez piensen que Dios fue muy severo para castigar a Saúl por los pocos pecados que cometió. Debe explicarles que Dios castigó a Saúl porque su actitud no mostró reverencia y honra a él.

COMENTARIO BÍBLICO

Lea 1 Samuel 15:1-35. Samuel le dio a Saúl el mensaje que recibió de parte de Jehová. Dios le dijo a Saúl que destruyera a los amalecitas y todo lo que ellos tenían. La razón del castigo fue porque este pueblo, además de ser una nación corrupta, se puso contra Dios y amenazó con destruir a los israelitas.

Los ceneos, un pueblo que vivía entre los amalecitas, trataron bien al pueblo de Dios; por esa razón Saúl les dijo que salieran de entre los amalecitas.

Cuando Saúl atacó a los amalecitas, no cumplió la voluntad de Jehová porque no destruyó todas las posesiones que tenían los hijos de Amalec, y tampoco mató sus vacas, ovejas, camellos y asnos. En lugar de confiar en Jehová, Saúl hizo sus propias decisiones al tratar con el pueblo de Amalec.

Por esa desobediencia, Dios desechó a Saúl para que no fuera rey sobre Israel. Tanto Jehová como Samuel se entristecieron por la actitud de Saúl, y al Señor le pesó haber puesto a Saúl como rey de su pueblo.

CARACTERÍSTICAS DE DIOS

+ Dios quiere que su pueblo le obedezca.
+ Dios castiga a los que continuamente le desobedecen.

PERSONAJES

+ **Los amalecitas** eran descendientes de Amalec, nieto de Esaú. Este pueblo atacó a los israelitas cuando iban por el desierto después que salieron de Egipto.
+ **Los ceneos** eran una tribu que mostró misericordia a Israel cuando salieron de Egipto y viajaban por el desierto.
+ **Agag** era rey de los amalecitas.

LUGARES

+ **Telaim** era el nombre del lugar donde Saúl se reunió con su ejército antes de atacar a los amalecitas.

+ **Gilgal** era una ciudad situada al oeste del río Jordán y al norte del mar Muerto. Allí Samuel mató al rey Agag.

OBJETOS

+ **Botín** son objetos que alguien roba o toma por la fuerza.

ACTIVIDAD

Para esta actividad necesitará lo siguiente:

+ Un par de zapatos con cordones (pasadores).

Dígales: **Hoy aprenderemos cuán importante es seguir las direcciones que nos dan. Necesito la ayuda de ustedes para aprender a atar los cordones de mis zapatos (o de estos zapatos).** Pida a un voluntario que le enseñe cómo atar los cordones de los zapatos. Siga cuidadosamente las instrucciones.

Asegúrese de que el niño siga paso a paso las instrucciones que tiene para usted; por ejemplo, es posible que el niño olvide los siguientes pasos: arrodillarse para atar los zapatos, tomar el cordón con las dos manos, luego ponerse de pie. Si las instrucciones no son claras, encuentre otra forma para ayudar al niño a dar instrucciones precisas y seguirlas. Por ejemplo, si el niño le dice que tome el cordón de cierta forma, usted haga lo contrario. Permita que él le muestre claramente cómo usted debe seguir sus instrucciones.

Esta actividad será divertida y desafiante. Permita que otros niños ayuden al niño que está dando las instrucciones.

Cuando termine de atar el cordón de sus zapatos, dígale: **Seguí tus instrucciones tal como me las diste.** Ahora, estudiaremos acerca de Saúl, el rey que no siguió las instrucciones que Dios le dio.

LECCIÓN BÍBLICA

Antes de enseñar la lección, lea la siguiente historia que está basada en 1 Samuel 15:1-35.

Samuel le dio a Saúl el mensaje tal como lo había recibido de parte de Jehová. Dios quería que Saúl atacara a los amalecitas y destruyera todo: a las personas, las vacas, las ovejas, los asnos y los camellos. Muchos años atrás, los amalecitas habían atacado a los israelitas cuando salieron de Egipto. Por esa razón Dios había prometido destruir a los amalecitas por los crímenes que habían cometido. Al mismo tiempo, quería prevenir para que los amalecitas no corrompieran a su pueblo con sus costumbres paganas.

Saúl preparó contra los amalecitas una exitosa emboscada (15:5); pero perdonó a Agag, el rey de los amalecitas, y lo mejor de sus ovejas y ganado (15:9). Lo demás lo destruyó. Sin embargo, cuando Saúl perdonó a Agag y lo mejor del ganado, desobedeció las instrucciones que Jehová le había dado.

Por esa razón Dios le dijo a Samuel: "Me pesa haber puesto por rey a Saúl, porque se ha vuelto de en pos de mí, y no ha cumplido mis palabras" (15:11).

Al día siguiente Samuel fue para encontrarse con Saúl. En el camino le dijeron que Saúl había ido a Carmel, donde se erigió un monumento. Samuel pasó por Carmel y encontró a Saúl en Gilgal, y este le dijo: "Bendito seas tú de Jehová; yo he cumplido la palabra de Jehová" (15:13).

Entonces Samuel le respondió: "¿Pues qué balido de ovejas y bramido de vacas es este que yo

oigo con mis oídos?". La respuesta de Saúl fue: "De Amalec los han traído; porque el pueblo perdonó lo mejor de las ovejas y de las vacas, para sacrificarlas a Jehová tu Dios, pero lo demás lo destruimos" (15:15).

Saúl culpó al pueblo por haber traído las ovejas y las vacas; sin embargo, se dio el crédito por haber destruido lo demás. Samuel le dijo: "Jehová te envió en misión y dijo: Vé, destruye a los pecadores de Amalec, y hazles guerra hasta que los acabes. ¿Por qué, pues, no has oído la voz de Jehová?" (15:18).

Saúl protestó y le respondió: "Antes bien he obedecido la voz de Jehová, y fui a la misión que Jehová me envió, y he traído a Agag rey de Amalec, y he destruido a los amalecitas. Mas el pueblo tomó del botín ovejas y vacas, las primicias del anatema, para ofrecer sacrificios a Jehová tu Dios en Gilgal" (15:20-21).

La respuesta de Samuel fue firme: "Ciertamente el obedecer es mejor que los sacrificios, y el prestar atención que la grosura de los carneros. Por cuanto tú desechaste la palabra de Jehová, él también te ha desechado para que no seas rey" (15:22-23).

Saúl le dijo a Samuel: "Temí al pueblo y consentí a la voz de ellos". Saúl temió al pueblo porque quería su aprobación. Temió más la opinión de la gente que desobedecer los mandamientos de Jehová.

Luego Saúl dijo: "Yo he pecado; pues he quebrantado el mandamiento de Jehová y tus palabras, porque temí al pueblo y consentí a la voz de ellos. Perdona, pues, ahora mi pecado, y vuelve conmigo para que adore a Jehová" (15:24-25).

Samuel le respondió que no volvería con él. Y cuando se volvió para irse de la presencia del rey,

este se asió de la punta del manto de Samuel y lo rasgó. Entonces Samuel le dijo: "Jehová ha rasgado hoy de ti el reino de Israel, y lo ha dado a un prójimo tuyo mejor que tú" (15:28).

Nuevamente Saúl le rogó a Samuel que volviera con él para adorar a Jehová. Ante esa petición, Samuel aceptó ir con Saúl y allí Saúl adoró a Jehová (15:31). Luego Samuel mandó llamar a Agag, rey de Amalec. Quería obedecer la voluntad de Dios e hizo lo que Saúl no quiso hacer, y le quitó la vida a Agag en Gilgal (15:33).

Samuel nunca más vio a Saúl y lloraba a Saúl. A Jehová le pesó haber puesto a Saúl por rey de Israel (15:33). Dios no se equivocó cuando escogió a Saúl para ser rey porque lo capacitó para que le obedeciera. Lamentablemente Saúl eligió desobedecer a su Señor.

Pida a los alumnos que respondan las siguientes preguntas. No hay respuestas falsas o verdaderas. El propósito es ayudar a los niños para que comprendan la historia bíblica y la apliquen a su vida.

1. Los amalecitas atacaron a Israel cuando salió de Egipto. ¿Qué piensan que sintieron los amalecitas cuando Dios los castigó por algo que hicieron sus antepasados?

2. ¿Creen que Saúl hizo lo correcto cuando perdonó a los ceneos? ¿Por qué?

3. En 1 Samuel 15:12, Saúl levantó un monumento para sí mismo. ¿Qué nos dice eso del carácter y actitud de Saúl? ¿Qué nos dice acerca de su relación con Dios?

4. ¿Cuáles fueron las excusas de Saúl por haber perdonado al rey Agag y lo mejor de su ganado? ¿Qué harían ustedes si estuvieran en la misma situación?

5. ¿Qué sintió Dios por haber elegido a Saúl como rey de Israel? ¿Por qué tuvo ese pesar?

En esta lección vimos cómo Saúl desobedeció a Dios. Él creyó que podía hacer sus propias decisiones para ganar la batalla contra los amalecitas. Por esa razón no cumplió su misión de acuerdo a la voluntad de Dios, y es por eso que Jehová lo castigó porque lo desobedeció. Dios sabe qué es lo mejor para nosotros. Debemos confiar en él y obedecerle.

VERSÍCULO PARA MEMORIZAR

Aprenda el versículo para memorizar. Encontrará sugerencias en la página 129.

ACTIVIDADES ADICIONALES

Elija una de las siguientes opciones para que los niños estudien la Biblia.

1. Desde el momento en que Saúl llegó a ser rey hasta el momento en que Dios lo rechazó, ¿cuán a menudo desobedeció a Dios? ¿En qué forma desobedeció a Dios? Lea los relatos de 1 Samuel 9—15 para encontrar la respuesta.

2. Jehová le dijo a Samuel: "Yo castigaré lo que hizo Amalec a Israel al oponérsele en el camino cuando subía de Egipto" (1 Samuel 15:2). Lea acerca de la lucha que tuvo Israel con Amalec en Éxodo 17:8-16; Números 14:41-45; Deuteronomio 25:17-19; Jueces 3:12-14; 6:3-5; 7:12; 10:11-12.

PREGUNTAS PARA LA COMPETENCIA (NIVEL BÁSICO)

Lea 1 Samuel 15:1-35 para preparar a los niños y niñas para la competencia.

1 **Cuando los israelitas salieron de Egipto, ¿en qué forma les ayudaron los ceneos? (15:6)**

1. En la batalla contra los cananeos.

2. Les dieron trabajo.

3. Mostraron misericordia a los hijos de Israel.

2 **¿Qué hizo Saúl con el rey Agag? (15:8)**

1. Lo mató.

2. Lo tomó vivo.

3. Lo envió a Canaán como esclavo.

3 **Después que los israelitas pelearon contra los amalecitas, ¿qué dijo Dios acerca de Saúl? (15:11)**

1. Le pesó haber puesto a Saúl por rey.

2. Estaba feliz porque Saúl era buen rey.

3. Estaba preocupado, no quería que Saúl fuese herido.

4 **Cuando Samuel llegó a Gilgal, ¿qué le dijo Saúl? (15:13)**

1. El rey Agag escapó.

2. Dime lo que tengo que hacer.

3. Yo he cumplido la palabra de Jehová.

5 **¿Por qué Saúl dijo que el pueblo había traído lo mejor del ganado de los amalecitas? (15:15)**

1. Porque lo necesitaban para comer.

2. Para que sus rebaños aumentaran en número.

3. Lo querían para ofrecer sacrificios a Jehová.

6 De acuerdo a Samuel, ¿qué es mejor que los sacrificios? (15:22)

1. Escuchar a Jehová.
2. Hablar con Jehová.
3. **Obedecer a Jehová.**

7 ¿Por qué Jehová rechazó a Saúl como rey sobre Israel? (15:23)

1. Porque rechazó la ayuda de Samuel.
2. **Porque desechó la palabra de Jehová.**
3. Ambas respuestas son correctas.

8 Después que Samuel le dijo a Saúl que Jehová lo había desechado como rey, ¿cuál fue la respuesta de Saúl? (15:24)

1. He pecado.
2. He quebrantado el mandamiento de Dios.
3. **Ambas respuestas son correctas.**

9 En lugar de Saúl, ¿quién sería el rey de Israel? (15:28)

1. **Uno de sus prójimos, porque era mejor que Saúl.**
2. Samuel
3. El hijo de Samuel

10 ¿Quién mató al rey Agag? (15:33)

1. Saúl
2. **Samuel**
3. David

PREGUNTAS PARA LA COMPETENCIA (NIVEL AVANZADO)

Lea 1 Samuel 15:1-35 para preparar a los niños y niñas para la competencia.

1 ¿Cuál fue el trato que los amalecitas dieron al pueblo de Israel cuando salieron de Egipto? (15:2)

1. Los ayudaron.
2. **Se les opusieron en el camino.**
3. Les dieron comida.
4. Les dieron un lugar donde podían vivir.

2 ¿Qué le pidió Jehová a Saúl que hiciera a los amalecitas? (15:3)

1. Que los atacaran.
2. Que destruyeran todas sus posesiones.
3. Que mataran a las personas, las vacas, las ovejas, los camellos y los asnos.
4. **Todas las respuestas son correctas.**

3 Después de la batalla contra los amalecitas, ¿qué hicieron Saúl y el pueblo? (15:9)

1. Perdonaron a Agag.
2. Perdonaron lo mejor de las ovejas y del ganado mayor.
3. Perdonaron los animales engordados, los carneros y todo lo bueno.
4. **Todas las respuestas son correctas.**

4 ¿Por qué le pesó a Dios haber puesto por rey a Saúl? (15:11)

1. **Porque se había vuelto de en pos de Jehová y no había cumplido sus palabras.**
2. Porque mató a mucha gente.
3. Porque se construyó un palacio.
4. Porque robó dinero del templo.

5 ¿Qué hizo Saúl en Carmel después de la batalla contra los amalecitas? (15:12)

1. Se levantó un monumento.

2. Peleó contra los varones en Carmel.

3. Adoró a Jehová.

4. Habló a sus hijos.

6 ¿Cuál es el mensaje que Samuel le dio a Saúl? (15:16-19)

1. ¿No te ha ungido Jehová por rey de Israel?

2. ¿Por qué no has oído la voz de Jehová?

3. ¿Por qué hiciste lo malo ante los ojos de Jehová?

4. Todas las respuestas con correctas.

7 ¿Cuál fue la respuesta de Saúl cuando Samuel le preguntó: "¿por qué no has oído la voz de Jehová?" (15:19-20)

1. "He obedecido la voz de Jehová".

2. "Fui a la misión que Jehová me envió".

3. "He traído a Agag rey de Amalec, y he destruido a los amalecitas".

4. Todas las respuestas son correctas.

8 ¿Cuál fue el ruego de Saúl a Samuel después de la batalla contra los amalecitas? (15:24-25).

1. "Dime qué debo hacer; quiero ser rey".

2. "Perdona, pues, ahora mi pecado, y vuelve conmigo para que adore a Jehová".

3. "Por favor, ayúdame a decir no al pueblo; tengo miedo de ellos".

4. Todas las respuestas son correctas.

9 ¿Qué le hizo Saúl a Samuel cuando este se volvió para irse? (15:27)

1. Se asió de la punta de su manto.

2. Lo tomó como prisionero.

3. Lo hizo caer.

4. Le dio las gracias por haber venido.

10 Termine este versículo: "Y Samuel dijo: "¿Se complace Jehová tanto en los holocaustos y víctimas, como en que se obedezca a las palabras de Jehová?... (1 Samuel 15:22).

1. "... Ciertamente el obedecer no es uno de los grandes sacrificios".

2. "... Ciertamente el obedecer es mejor que los sacrificios, y el prestar atención que la grosura de los carneros".

3. "... Desobedecer es mejor que los sacrificios, y el prestar atención peor que la grosura de los carneros".

4. "... Desobedecer es malo ante los ojos de Jehová".

VERSÍCULO PARA MEMORIZAR

"Porque Jehová no mira lo que mira el hombre; pues el hombre mira lo que está delante de sus ojos, pero Jehová mira el corazón" (1 Samuel 16:7).

VERDAD BÍBLICA

Dios conoce nuestros pensamientos y sentimientos.

PROPÓSITO

En esta lección los alumnos aprenderán que el aspecto externo de una persona no es tan importante como su actitud hacia Dios.

SUGERENCIAS PARA LA ENSEÑANZA

Mientras enseña la lección, que sus alumnos sepan que Saúl era atormentado por un espíritu malo debido a la ausencia de la presencia de Dios en su vida. Jehová lo dejó porque Saúl hizo malas decisiones. Lo que él sentía eran los efectos que sufre una persona cuando se aparta de Dios.

COMENTARIO BÍBLICO

Lea 1 Samuel 16:1-23. Después que Jehová desechó a Saúl como rey, le dijo a Samuel que no llorara más por él. Dios quería que Samuel fuera a la casa de Isaí de Belén porque había escogido a uno de sus hijos para que fuera rey de Israel.

Samuel vio a los hijos de Isaí y creyó que Eliab era el rey que Dios había escogido, porque era un joven de buen parecer y gran estatura; sin embargo, Dios le dijo a Samuel que no debía mirar la apariencia física de la persona, sino su corazón y fidelidad hacia él.

Después que los hijos de Isaí pasaron delante de Samuel, éste preguntó: "¿Son éstos todos tus hijos?" (16:11). "Queda aún el menor", le dijo Isaí, "que apacienta las ovejas". Cuando llegó David, Dios le ordenó a Samuel que lo ungiera como rey. Además de ser de buen parecer, David también era fiel a Jehová el Señor.

Después de estos acontecimientos, el Espíritu de Jehová se apartó de Saúl y el rey sintió los terribles efectos de la ausencia de Dios en su vida. Por esa razón Saúl pidió a David que tocara el arpa. Cuando David tocaba el arpa, Saúl tenía alivio y se sentía mejor.

CARACTERÍSTICAS DE DIOS

+ Dios sabe que la característica más importante de un líder es la buena relación con él.

+ Dios conoce nuestros pensamientos y actitudes, y quiere que le amemos y obedezcamos.

PERSONAJES

+ **Isaí** fue nieto de Rut y el padre de David.

LUGARES

+ **Belén** era un pueblito situado más o menos a ocho kilómetros (5 millas) de Jerusalén. Era el pueblo de David y el lugar donde fue ungido como rey de Israel.

CONCEPTOS

+ **Ungir** era aplicar aceite sobre la cabeza de la persona. Era un rito de consagración o bendición para los reyes, sacerdotes y profetas. De esa manera Dios daba testimonio de que había elegido a esa persona para una misión especial.

OBJETOS

+ **Cuerno de aceite** era un recipiente, hecho con el cuerno de un animal, que el sacerdote o el profeta llenaba con aceite. Es muy probable que el aceite fuera de oliva.

ACTIVIDAD

Para esta actividad necesitará una frazada o cobija grande, como para envolver a una persona. Pida a uno de sus alumnos que venga a la clase mucho más temprano de lo usual.

Antes que lleguen los otros alumnos, envuelva con la frazada al niño a quien pidió ayuda. Luego, que toda la clase adivine quién es la persona dentro de esa frazada. Después de un momento, desenvuelva al niño para que todos vean quién es.

Dígales: **Cuando él estaba envuelto en la frazada, no sabíamos quién era y se veía diferente. ¿Significa eso que la frazada cambió su personalidad?**

En la lección de hoy aprenderemos que la apariencia de una persona no revela sus pensamientos o actitudes. Saúl era alto y de buen parecer, y por eso el pueblo creyó que sería un gran rey. Sin embargo, Saúl tenía problemas internos. Muchas veces decidió no confiar en Dios o le desobedeció.

Hoy aprenderemos cómo Jehová distingue la actitud de un verdadero siervo en alguien que, según los hombres, no tiene la apariencia de ser rey.

LECCIÓN BÍBLICA

Antes de enseñar a sus alumnos, prepare la siguiente historia basada en 1 Samuel 16:1-23.

Dios le ordenó a Samuel que llenara un cuerno con aceite y que fuera a Belén, a la casa de Isaí. Jehová había elegido a uno de los hijos de Isaí para que fuera el rey de Israel y quería que Samuel lo ungiera como rey.

Samuel tuvo temor porque pensaba que Saúl descubriría el plan y trataría de matarlo (16:2); sin embargo, Jehová le dijo a Samuel que tomara una becerra de la vacada y que la ofreciera en sacrificio a Jehová. Además, Dios le dijo a Samuel que invitara a Isaí y a sus hijos para el rito del sacrificio.

Samuel hizo todo lo que Dios le pidió. Fue a Belén, consagró a Isaí y a sus hijos, y los invitó a presenciar el sacrificio (16:5).

Cuando llegó Isaí con sus hijos, Samuel vio a Eliab y creyó que era la persona elegida por Jehová. Pero Dios le dijo que no mirara el parecer y la estatura de Eliab porque él no sería el rey. Sabemos que Dios no mira la apariencia física de una persona, sino su corazón y su actitud hacia él y su prójimo.

Isaí trajo a otros dos hijos, Abinadab y Sama, y Samuel le dijo: "Jehová no ha elegido a éstos". Frente a esa situación, el profeta preguntó a Isaí: "¿Son éstos todos tus hijos?" (16:11). Isaí respondió que quedaba aún el menor que estaba apacentando ovejas. Samuel le pidió a Isaí que trajera a su hijo delante de él.

Entonces llegó David; éste era rubio, hermoso de ojos y de buen parecer, y Jehová le dijo a Samuel que lo ungiera porque era él a quien Dios había elegido para ser rey. Samuel tomó el aceite y ungió a David en presencia de sus hermanos. Desde aquel día en adelante el Espíritu de Jehová vino sobre David (16:13).

Luego la Palabra de Dios nos dice que el Espíritu de Jehová se apartó de Saúl (16:14) y un espíritu malo lo atormentaba. Los criados le sugirieron a Saúl que buscara a alguien que tocara el arpa para que él se sintiera mejor. A Saúl le pareció una buena sugerencia y les pidió a sus criados que encontraran a esa persona.

Uno de ellos le dijo que había visto a un hijo de Isaí de Belén que sabía tocar el arpa; era valiente, vigoroso y hombre de guerra, prudente en sus palabras y hermoso; además, Dios estaba con él.

Saúl envió a sus mensajeros a Isaí diciendo: "Envíame a David tu hijo, el que está con las ovejas" (16:19). Cuando David llegó ante la presencia de Saúl, éste lo amó mucho y lo hizo su paje de armas.

Cada vez que un espíritu malo atormentaba a Saúl, David tocaba el arpa y Saúl se sentía mejor.

Pida a los alumnos que respondan las siguientes preguntas. No hay respuestas falsas o verdaderas. El propósito es ayudar a los niños para que comprendan la historia bíblica y la apliquen a su vida.

1. ¿Por qué era importante que Samuel escuchara a Dios para elegir al rey de Israel? ¿Cuál era el punto de vista de Samuel y de Jehová cuando tenían que elegir a un rey?

2. Antes de que David fuese ungido, Samuel entrevistó a siete hijos de Isaí. ¿Qué creen que sintió el hijo mayor acerca de la elección de su hermano menor?

3. ¿Qué piensan que sintió Saúl cuando se dio cuenta de que el Espíritu de Jehová se había apartado de él? ¿Qué aliviaba ese dolor? ¿Por qué?

4. ¿Cuál es la relación del versículo para memorizar con el relato de la historia bíblica de 1 Samuel 16:1-23?

Diga a sus alumnos: Dios sabe si somos fieles a él. Conoce nuestros pensamientos y sentimientos, nuestros deseos y carácter, y las decisiones que hacemos. Algunas personas creen que lo único que importa es la apariencia exterior o lo que ven sus ojos. Lo que Dios quiere es que seamos fieles a él. ¿Han decidido ustedes ser fieles a Dios?

VERSÍCULO PARA MEMORIZAR

Aprenda el versículo para memorizar. Encontrará sugerencias en la página 129.

ACTIVIDADES ADICIONALES

Elija una de las siguientes opciones para que los niños estudien la Biblia.

1. En diccionarios, comentarios bíblicos o la Internet busque el significado de los siguientes nombres: Samuel, Saúl y David. ¿Refleja el significado de estos nombres el carácter de las personas que estudió en 1 Samuel?

2. ¿Por qué es sorprendente y al mismo tiempo irónico, en 1 Samuel 16, que Saúl invitara a David al palacio del rey? ¿Qué es lo que el rey no sabía respecto a David entonces?

3. Si es posible, escuche música interpretada en arpa. ¿Entiende ahora por qué la música en arpa calmaba el espíritu atribulado de Saúl?

PREGUNTAS PARA LA COMPETENCIA (NIVEL BÁSICO)

Lea 1 Samuel 16:1-23 para preparar a los niños y niñas para la competencia.

1 **¿Cuál es el animal que Samuel debía llevarle a Isaí? (16:2)**

1. Un cordero

2. Una becerra

3. Un cabrito

2 **Después que Samuel llamó a Isaí al sacrificio, ¿quién le diría lo que debía hacer? (16:3)**

1. Los hijos de Isaí

2. Isaí

3. Jehová

3 **¿A cuál de los hijos de Isaí vio primero el profeta Samuel? (16:6)**

1. Eliab

2. Abinadab

3. Sama

4 **¿Qué dijo Isaí cuando Samuel le preguntó: ¿Son éstos todos tus hijos? (16:11)**

1. Todavía queda el menor.

2. El que apacienta las ovejas.

3. Ambas respuestas son correctas.

5 **¿Con qué ungió Samuel a David? (16:13)**

1. Con la grasa de los carneros

2. Con agua

3. Con el aceite del cuerno

6 **Después que Samuel ungió a David, ¿quién vino sobre él? (16:13)**

1. El Espíritu de Jehová

2. El espíritu del pueblo

3. Los espíritus de 1,000 guerreros

7 **¿Qué atormentaba a Saúl? (16:14)**

1. Las quejas del pueblo

2. Un espíritu malo

3. Ambas respuestas son correctas.

8 **Cuándo David fue ante Saúl, ¿qué llegó a ser? (16:21)**

1. Uno de sus cocineros

2. Su paje de armas

3. Uno de sus pastores

9 **¿Cómo ayudaba David a Saúl cuando éste era atormentado por un espíritu malo? (16:23)**

1. Tocando su arpa.

2. Leyendo un libro.

3. Preparándole una comida.

10 **¿Qué sucedía con Saúl cuando David tocaba el arpa? (16:23)**

1. Tenía alivio y estaba mejor.

2. El espíritu malo se apartaba de él.

3. Ambas respuestas son correctas.

PREGUNTAS PARA LA COMPETENCIA (NIVEL AVANZADO)

Lea 1 Samuel 16:1-23 para preparar a los niños y niñas para la competencia.

1 **¿Por qué Samuel tuvo miedo de ungir a uno de los hijos de Isaí? (16:2)**

1. Tenía temor de que la gente se pusiera contra él.

2. Tenía temor de que Saúl lo supiera porque lo mataría.

3. Tenía temor de que Isaí se enojara contra él.

4. Todas las respuestas son correctas.

2 **¿Qué fue lo primero que pensó Samuel cuando vio a Eliab? (16:6)**

1. "Este no será rey de Israel".

2. "Espero que Dios me diga lo que tengo que hacer".

3. **"De cierto delante de Jehová está su ungido".**

4. Todas las respuestas son correctas.

3 **¿Qué le dijo Jehová a Samuel cuando éste creyó que Eliab sería el rey? (16:6-7)**

1. "No mires a su parecer, ni a lo grande de su estatura".

2. "Jehová no mira lo que mira el hombre".

3. "El hombre mira lo que está delante de sus ojos, pero Jehová mira el corazón".

4. **Todas las respuestas son correctas.**

4 **¿A cuántos hijos de Isaí rechazó Jehová como rey? (16:10)**

1. A tres

2. A cinco

3. **A siete**

4. A ocho

5 **¿Cómo describe I Samuel a David? (16:12)**

1. Era rubio

2. De hermoso parecer

3. De hermosos ojos

4. **Todas las respuestas son correctas.**

6 **¿Qué dijo Jehová cuando Isaí trajo a David? (16:12)**

1. **"Levántate y úngelo, porque éste es".**

2. "Éste no es el que elegí".

3. "Elige a otro de los hijos de Isaí".

4. "Dile a David que me honre".

7 **¿En medio de quiénes ungió Samuel a David? (16:13)**

1. En presencia de Saúl

2. En medio de los hijos de David

3. **En medio de los hermanos de David**

4. En presencia de todo el pueblo

8 **¿Quién se apartó de Saúl? (16:14)**

1. **El Espíritu de Jehová**

2. Elí

3. David

4. Jonatán

9 **¿Cómo describieron a David los criados de Saúl? (16:18)**

1. "Sabe tocar el arpa".

2. "Es valiente y vigoroso y hombre de guerra".

3. "Es prudente en sus palabras".

4. **Todas las respuestas son correctas.**

10 **Termine este versículo: "Jehová no mira lo que mira el hombre..." (16:7)**

1. "... El hombre mira lo que no tiene importancia, pero Dios mira lo que es verdaderamente importante".

2. **"... pues el hombre mira lo que está delante de sus ojos, pero Jehová mira el corazón".**

3. "... Él ve lo prometedor de la persona, el hombre mira sólo lo malo".

4. "... Él no puede ver lo que el hombre ve".

VERSÍCULO PARA MEMORIZAR

"Ninguno tenga en poco tu juventud, sino sé ejemplo de los creyentes en palabra, conducta, amor, espíritu, fe y pureza" (1 Timoteo 4:12).

VERDAD BÍBLICA

Dios usa a las personas que son fieles a él para cumplir tareas imposibles.

PROPÓSITO

En esta lección sus alumnos aprenderán que Dios es poderoso. Cuando tenemos fe y confiamos en él, logramos hacer cosas que parecen ser imposibles.

SUGERENCIAS PARA LA ENSEÑANZA

Que sus alumnos se den cuenta de la situación difícil en la que David se encontraba. En relación al gigante Goliat, él era pequeño de estatura y muy joven. Sin embargo, Dios lo usó para una gran tarea. La valentía de David y su confianza en Dios mostró al pueblo que Jehová es todopoderoso.

COMENTARIO BÍBLICO

Lea 1 Samuel 17:1-51. Los ejércitos de los filisteos y de los israelitas estaban acampados en montes opuestos. Entre ellos había un valle y, por supuesto, ninguno quería ceder la posición estratégica en la que se encontraban.

Goliat, el soldado más alto y más fuerte del ejército filisteo, continuamente desafiaba al ejército israelita. Les pedía que enviaran a un soldado para que peleara contra él. El ganador, decía Goliat, llevaría la victoria para su ejército. Saúl y el ejército de Israel temían a Goliat porque no tenían la presencia y el apoyo de Jehová.

David no era un soldado profesional. Era muy joven y trabajaba como pastor de ovejas, mensajero y paje de armas; pero, era valiente y fiel a Jehová de los ejércitos.

David convenció a Saúl para que lo enviara a pelear contra Goliat, y David salió victorioso. Esa victoria convenció a Saúl de que Jehová estaba con David.

CARACTERÍSTICAS DE DIOS

+ Dios desea que pongamos nuestra confianza en su poder.
+ Dios ayuda a los que confían en él para cumplir una tarea imposible.

PALABRAS RELACIONADAS CON NUESTRA FE

+ **Fe** es la confianza en Dios que nos lleva a depender de él y obedecerle.

OBJETOS

+ **Jabalina** es un arma parecida a una lanza.

ACTIVIDAD

Para esta actividad necesitará lo siguiente:

+ Un calcetín
+ Una pelotita pequeña

Ponga la pelotita dentro del calcetín. Explique a los alumnos que, en los tiempos bíblicos, la honda era un arma común y la usaban para cazar o pelear. Dígales: **Hoy usaremos este calcetín para probar la puntería que tendrían con una honda.**

Pida a los alumnos que formen una fila. Luego elija un blanco en el otro extremo del salón; puede ser un balde, una marca en la pared, etc. Que los niños y niñas se turnen para lanzar su "honda" hacia el blanco. Que cada uno tenga por lo menos una oportunidad para lanzar la honda.

Dígales: **Nos hemos divertido, ¿verdad? ¿Se imaginan si el blanco hubiera estado a tres metros de altura (casi 10 pies)?** En esta lección aprenderemos que David peleó contra un gigante usando sólo una honda y cinco piedras. David tenía fe en que Dios lo ayudaría. ¡Jehová hizo lo posible para que David lograra algo que parecía imposible!

LECCIÓN BÍBLICA

Antes de enseñar a sus alumnos, prepare la siguiente historia basada en 1 Samuel 17:1-51.

Los filisteos e israelitas estaban preparados para la batalla. Situaron sus campamentos en montes opuestos (17:3) separados por un valle. Un paladín llamado Goliat salió del campamento de los filisteos. Su estatura era más o menos de 3 metros (casi 10 pies - seis codos y un palmo). Tenía puesta su armadura y llevaba jabalina, casco y una lanza. Goliat daba voces al ejército israelita diciéndoles que escogieran a uno de sus soldados para que peleara contra él.

Ante ese desafío, Saúl y todo Israel se turbaron y tuvieron mucho temor (17:11).

Los tres hijos mayores de Isaí estaban en el ejército israelita. Durante 40 días, por la mañana y por la tarde, Goliat lanzaba sus amenazas al ejército israelita. David, que era el menor de los hijos de Isaí, cuidaba en Belén las ovejas de su padre. Un día su padre le dijo: "Toma ahora para tus hermanos un efa de este grano tostado, y estos diez panes, y llévalo pronto al campamento a tus hermanos" (17:17). También le dijo que llevara 10 quesos de leche al jefe o comandante de los mil. Isaí quería saber si sus hijos estaban vivos y saludables.

David salió temprano y llegó al campamento. Entonces escuchó que Goliat continuaba con sus amenazas y los varones del ejército de Israel tenían gran temor. Por esa razón David preguntó: "¿Quién es este filisteo incircunciso, para que provoque a los escuadrones del Dios viviente?" (17:26). David no temía a Goliat. Algunos soldados, al escuchar lo que David había dicho, fueron a decírselo a Saúl, y éste pidió que David se presentara ante él.

David le dijo a Saúl que él estaba dispuesto a pelear contra Goliat. El rey le respondió diciendo que no podría ir a la guerra porque era muchacho. David le dijo a Saúl que él había peleado contra un oso y un león para defender a sus ovejas: "Jehová, que me ha librado de las garras del león y de las garras del oso, él también me librará de la mano de este filisteo" (17:37).

Saúl lo vistió con sus ropas, puso sobre su cabeza un casco de bronce, le armó con una coraza y le dio la espada. Pero, cuando David se vistió con la armadura que le dio el rey, no pudo caminar. Y le dijo a Saúl: "Yo no puedo andar con esto, porque nunca lo practiqué" (17:39).

Entonces tomó su cayado, escogió cinco piedras y las puso en su saco, y tomó una honda en su mano.

Cuando David se acercó a Goliat, éste no sólo lo menospreció porque era un muchacho, sino que también lo maldijo. Estaba enojado porque alguien se atrevió a enfrentarlo, y David le dijo: "Tú vienes a mí con espada y lanza y jabalina; mas yo vengo a ti en el nombre de Jehová de los ejércitos, el Dios de los escuadrones de Israel, a quien tú has provocado" (17:45).

Entonces David tomó una piedra de su bolsa, la puso en la honda y la lanzó contra el gigante. La piedra quedó clavada en la frente de Goliat y este cayó sobre su rostro en la tierra.

De esa manera venció David al filisteo, con una honda y una piedra. Cuando los filisteos vieron que su héroe estaba muerto, todos huyeron.

Pida a los alumnos que respondan las siguientes preguntas. No hay respuestas falsas o verdaderas. El propósito es ayudar a los niños para que comprendan la historia bíblica y la apliquen a su vida.

1. En su opinión, ¿qué pensaron los israelitas cuando vieron que David iba a pelear contra Goliat sólo con una honda y cinco piedras? Dramatice esta parte de la historia y anime a sus alumnos a improvisar la conversación.

2. Lea 1 Samuel 17:47. David usó un arma poderosa que Goliat no tenía, ¿cuál fue esa arma? ¿Qué sienten al saber que ustedes también tienen esa arma?

3. El versículo para memorizar, 1 Timoteo 4:12, ¿cómo se relaciona con la historia bíblica?

Dígales: Goliat era alto y fuerte. Era un gigante. Sin embargo, David lo derrotó con una honda y una piedra. ¿Por qué? Porque confió en el poder de Jehová. Posiblemente ustedes nunca se enfrenten a un gigante para pelear contra él, pero algunas veces verán que los problemas en su vida son tan grandes como un gigante. ¿Han pasado por problemas que, en ese momento, eran muy grandes para ustedes? Dios desea que confíen en él ante cada problema. Él es fuerte y poderoso. Les ayudará a superar los problemas que estén experimentando.

VERSÍCULO PARA MEMORIZAR

Aprenda el versículo para memorizar. Encontrará sugerencias en la página 129.

ACTIVIDAD ADICIONAL

Complete la siguiente actividad para que los niños estudien la Biblia.

Haga un póster de tres metros de altura (casi 10 pies). Trace una línea a la altura de 2.75 mts. (9 pies). Cuelgue el póster en la pared o póngalo en el piso. Luego, en ese póster marque la estatura de cada uno de sus alumnos y alumnas para compararla con la estatura de Goliat.

PREGUNTAS PARA LA COMPETENCIA (NIVEL BÁSICO)

Lea 1 Samuel 17:1-51 para preparar a los niños y niñas para la competencia.

¿Cuán alto era Goliat? (17:4)

1. Más o menos tres metros (seis codos y un palmo)
2. Casi cuatro metros
3. Cinco metros

2 ¿Qué les decía Goliat a los israelitas? (17:8)

1. Váyanse a su casa.
2. Escoged de entre vosotros un hombre.
3. Prepárense para la batalla.

3 ¿Cómo se sintieron los israelitas cuando escucharon las amenazas de Goliat? (17:11)

1. Se turbaron y tuvieron miedo.
2. Enojados y ofendidos
3. Sorprendidos y en paz

4 ¿Qué le dijo Saúl a David cuando vio su deseo de ir contra Goliat? (17:33).

1. "No podrás tú ir contra aquel filisteo, para pelear con él".
2. "Tú eres muchacho, y él un hombre de guerra desde su juventud".
3. Ambas respuestas son correctas.

5 ¿Cuál fue la respuesta de David? (17:37)

1. "Soy fuerte y no tengo miedo de pelear".
2. "Tengo miedo pero alguien tiene que pelear".
3. "Jehová, que me ha librado de las garras del león y de las garras del oso, él también me librará de la mano de este filisteo".

6 ¿Cuál era el arma que tenía David para pelear contra Goliat? (17:40)

1. Una honda, cinco piedras y un cayado
2. Un arco y flecha
3. Una espada y escudo

7 Quien dijo: "¿Soy yo perro, para que vengas a mí con palos?" (17:43)

1. David
2. Goliat
3. Saúl

8 ¿Qué dijo David antes de lanzar la piedra? (17:45-47)

1. "Yo vengo a ti en el nombre de Jehová de los ejércitos".
2. "Porque de Jehová es la batalla, y él os entregará en nuestras manos".
3. Ambas respuestas son correctas.

9 ¿En qué lugar del cuerpo de Goliat le pegó la piedra? (17:49)

1. En el pecho
2. En la pierna
3. En la frente

10 ¿Qué hicieron los filisteos cuando vieron que Goliat estaba muerto? (17:51)

1. Atacaron a los israelitas.
2. Huyeron.
3. Clamaron a sus dioses.

PREGUNTAS PARA LA COMPETENCIA (NIVEL AVANZADO)

Lea 1 Samuel 17:1-51 para preparar a los niños y niñas para la competencia.

1 ¿Quiénes iban a la batalla contra los filisteos? (17:2)

1. Los amalecitas
2. Samuel y los sacerdotes
3. Saúl y los israelitas
4. Los amoritas y sacerdotes

2 **¿Qué decía Goliat del hombre que escogería el pueblo para pelear contra él? (17:8-9)**

1. "Lo mataré y luego festejaremos en vuestro tabernáculo".
2. **"Si él pudiere pelear conmigo, y me venciere, nosotros seremos vuestros siervos".**
3. "Tengo temor de aquel a quien ustedes escogerán".
4. Todas las respuestas son correctas.

3 **Según los israelitas, ¿qué le daría el rey a quien venciera a Goliat? (17:25)**

1. El rey le enriquecería.
2. Le daría a su hija en matrimonio.
3. Eximiría de impuestos a él y a la casa de su padre.
4. **Todas las respuestas son correctas.**

4 **¿Qué dijo Eliab cuando vio a David hablando con los soldados de Israel? (17:28).**

1. "¿Para qué has descendido acá?"
2. "Yo conozco tu soberbia y la malicia de tu corazón".
3. "Para ver la batalla has venido".
4. **Todas las respuestas son correctas.**

5 **¿Qué fue lo primero que dijo David a Saúl respecto a Goliat? (17:32)**

1. ¿Por qué no mataste a Goliat?
2. **"No desmaye el corazón de ninguno a causa de él; tu siervo irá y peleará contra este filisteo".**
3. "Tu ejército es una vergüenza para Jehová".
4. "Goliat es un enemigo malvado. Oremos a Dios".

6 **¿Qué le dijo David a Goliat después que este lo amenazó? (17:44-45)**

1. "Soy un poderoso guerrero".
2. "Este será tu último día".
3. **"Yo vengo a ti en el nombre de Jehová de los ejércitos".**
4. "Vienes a mí con amenazas, pero no te tengo miedo".

7 **¿Qué le dijo David a Goliat antes de lanzar la piedra con la honda? (17:46-49)**

1. "Jehová te entregará hoy en mi mano".
2. "Jehová no salva con espada y con lanza".
3. "Porque de Jehová es la batalla, y él os entregará en nuestras manos".
4. **Todas las respuestas son correctas.**

8 **¿Qué sucedió cuando David lanzó la piedra contra Goliat? (17:49-50)**

1. Goliat se enojó y corrió para atacar a David.
2. **La piedra quedó clavada en la frente, y cayó sobre su rostro en tierra.**
3. La piedra golpeó el pecho de Goliat y él gritó de dolor.
4. La piedra se clavó en el ojo de Goliat y este no pudo ver.

9 **¿Por qué huyeron los filisteos cuando vieron a Goliat en tierra? (17:49-51)**

1. Vieron a David que iba contra ellos.
2. Se sintieron mal por no haber tratado bien a los israelitas.
3. Se fueron para orar a sus dioses.
4. **Vieron a su paladín muerto.**

10 **Termine este versículo: "Ninguno tenga en poco tu juventud, sino..." (1 Timoteo 4:12).**

1. "... sé ejemplo para que la gente vea tu vida y sepa cómo servir a Jehová".
2. "... sé ejemplo para agradar a Jehová".
3. **"... sé ejemplo de los creyentes en palabra, conducta, amor, espíritu, fe y pureza".**
4. "... sé un ejemplo ante todos los que estaban contra ti, y muéstrales que estaban equivocados".

LECCIÓN 12

1 Samuel 18:1-16, 28-30; 19:1-18

ERSÍCULO PARA MEMORIZAR

"No nos hagamos vanagloriosos, irritándonos unos a otros, envidiándonos unos a otros" (Gálatas 5:26).

VERDAD BÍBLICA

Dios desea que amemos y respetemos a nuestro prójimo y que no seamos envidiosos.

PROPÓSITO

Esta lección ayudará a sus alumnos a comprender que Dios cuida a quienes lo aman y obedecen. Dios no quiere que su pueblo sea envidioso.

SUGERENCIAS PARA LA ENSEÑANZA

Que sus alumnos sepan que la envidia y el celo dañan las relaciones interpersonales. Si no le incomoda, comparta lo que usted experimentó cuando sintió celos y envidia, y cómo superó esos sentimientos. Que sus alumnos expresen cómo saben cuando tienen envidia y celos, y cómo superan esos sentimientos.

COMENTARIO BÍBLICO

Lea 1 Samuel 18:1-16, 28-30; 19:1-18. David era buen amigo de Jonatán, hijo de Saúl; por eso Jonatán le dio su manto, espada, arco y talabarte, e hizo un pacto con David. Jonatán fue leal a David, y sabía que Dios lo había elegido para que fuera rey de Israel.

Saúl puso a David como general del ejército de Israel, y este cumplió su responsabilidad prudentemente, con sabiduría y temor. Después de derrotar a los filisteos, Saúl y David regresaron a Israel, y salieron las mujeres de todas las ciudades cantando y danzando para recibir al rey Saúl. Las alabanzas para David eran más grandes que para Saúl. Eso desagradó al rey en gran manera.

Saúl sabía que David era un gran general del ejército y, al mismo tiempo, se dio cuenta de que podría ser rey. La popularidad de David en Israel iba en aumento; por esa razón Saúl varias veces intentó matarlo.

CARACTERÍSTICAS DE DIOS

+ Dios cuida a los que le aman y honran.
+ Dios quiere que amemos a nuestros semejantes y que no tengamos celos de ellos.

PERSONAJES

+ **Mical** era hija de Saúl y esposa de David.

LUGARES

+ **Naiot** era un lugar situado en las afueras de Ramá. David y Samuel acamparon allí para que Saúl no pudiera atraparlos.

OBJETOS

+ **Talabarte** es un cinturón, generalmente de cuero.

ACTIVIDAD

Diga a sus alumnos: **Hoy aprenderemos más acerca de Saúl, Jonatán y David. Saúl estaba celoso de David y quería matarlo; pero Jonatán, el hijo de Saúl, quería mucho a su amigo David y lo protegió.**

Elija a tres alumnos para que cada uno represente a uno de estos personales: Saúl, Jonatán y David. Diga a los alumnos que se paren y, tomados de la mano, formen un círculo, pero todos deben estar mirando hacia las paredes del salón. El niño que representa a David estará todo el tiempo dentro del círculo. Los niños que forman el círculo protegerán a David. El niño que representa a Saúl tratará de entrar en el círculo para atrapar a David. El niño que representa a Jonatán estará fuera del círculo e intentará impedir que entre en el círculo.

La actividad terminará con una de estas situaciones: Jonatán atrapa a Saúl o Saúl atrapa a David. Luego, pida que otros niños tomen parte de esta actividad. Si el tiempo lo permite, busque la participación del mayor número de niños.

Dígales: **Ustedes protegieron a David. En esta lección aprenderemos cómo Dios protegió a David de la envidia y los celos de Saúl.**

LECCIÓN BÍBLICA

Antes de enseñar a sus alumnos, prepare la siguiente historia basada en 1 Samuel 18:1-30; 19:1-18.

Jonatán, hijo y heredero de Saúl, era amigo íntimo de David, y los dos hicieron un pacto. Para expresar el amor que Jonatán tenía hacia su amigo David, le regaló su manto, su espada, su arco y talabarte o cinturón. Estos regalos simbolizaban que Jonatán le entregaba el reino a David, porque reconoció que Dios estaba con David como sucesor de Saúl.

Todo lo que Saúl pedía que David hiciera, éste lo hacía con excelencia. Por lo mismo, Saúl le dio a David una gran responsabilidad en el ejército de Israel. Después que David mató a Goliat, las mujeres danzaron y cantaron diciendo: "Saúl hirió a sus miles, y David a sus diez miles" (18:7). Lo que las mujeres decían era que Saúl y David eran soldados valientes; sin embargo, Saúl sintió celos porque el pueblo pensaba que David era igual que él. Esto enojó mucho al rey y, desde entonces, siguió cuidadosamente cada paso que daba David.

Al siguiente día, vino sobre Saúl un espíritu malo. Mientras David tocaba el arpa, Saúl arrojó su lanza pero David lo evadió dos veces (18:11). Saúl temía a David porque Jehová estaba con él. Aunque la vida del joven David estaba en peligro, Jehová no lo abandonó, y David tenía mucha confianza de que Dios lo iba a proteger.

Saúl envió a David para que dirigiera un ejército de mil hombres con la esperanza de que muriera en la batalla; pero, en todo lo que David hacía, tenía éxito porque Jehová estaba con él.

Cuando Saúl se dio cuenta de que su hija Mical amaba a David, temió aun más, y por el resto de su vida vio a David como su enemigo. La envidia llegó a tal punto que Saúl pidió a su hijo Jonatán y a todos sus siervos que matasen a David. Sin embargo, Jonatán advirtió a David acerca de las intenciones que tenía su padre y le aconsejó que se escondiese (19:1-2).

Jonatán habló con su padre, recordándole que David era fiel a él y a Israel, que había derrotado a los filisteos y que era inocente de todo crimen, y le pidió que no lo matara (19:3-5).

El rey oyó a Jonatán, y luego juró diciendo: "Vive Jehová, que no morirá" (19:6). Por esa razón Jonatán llevó a David ante el rey.

Después hubo otra batalla contra los filisteos, y David peleó y venció. Luego un espíritu malo vino otra vez sobre Saúl y se olvidó del juramento que había hecho. Mientras David tocaba el arpa, Saúl trató de enclavarlo con la lanza en la pared.

Entonces David huyó de la presencia de Saúl. Mical le dijo a David que su vida corría peligro, y le aconsejó que huyera durante la noche. Mical descolgó a David por una ventana, y le dijo que huyera.

Luego Mical tomó una estatua y la puso sobre la cama, y como cabecera puso una almohada de pelo de cabra y la cubrió con ropa. Cuando los soldados de Saúl llegaron a la casa para atrapar a David, Mical les dijo que él estaba enfermo. Los soldados creyeron que la estatua que estaba en la cama era David.

Saúl ordenó a sus mensajeros que le llevaran a David para matarlo; pero, cuando entraron en la casa, se dieron cuenta de que David no estaba allí, sino que era una estatua.

David huyó y fue a ver a Samuel, en Ramá, y le contó todo lo que Saúl había hecho con él. Y él y Samuel se fueron a vivir en Naiot.

Pida a los alumnos que respondan las siguientes preguntas. No hay respuestas falsas o verdaderas. El propósito es ayudar a los niños para que comprendan la historia bíblica y la apliquen a su vida.

1. Mencionen cuatro experiencias en la vida de David. En su opinión, ¿por qué David tuvo que pasar por esas experiencias?

2. Lea 1 Samuel 18:6-9. **Pregunte:** ¿**Cómo reaccionó Saúl al canto de las mujeres? ¿Por qué?**

3. ¿**Por qué Saúl sintió celos de David? ¿Qué hizo Saúl a David por esa envidia y celos? ¿Qué tenía David para que Saúl sintiera envidia y celos de él?**

4. **Como heredero del rey, ¿por qué Jonatán ayudó a David? En su opinión, ¿por qué Jonatán no sintió celos de David?**

5. **Mical ayudó a David para que escapara. Ella mintió a su padre y a sus mensajeros. ¿Fue bueno el método que ella usó para ayudar a escapar a David? ¿Por qué?**

Pregúnteles: ¿Alguna vez sintieron celos de alguien? La envidia y los celos son sentimientos comunes que tiene la gente. Los celos de Saúl lo llevaron a odiar a David. Dios quiere que nos relacionemos con nuestros semejantes en forma correcta. Si alguna vez sienten celos contra alguien, pidan a Dios que les ayude a superar esos sentimientos. No es fácil responder con amabilidad, pero eso es lo que Dios quiere que cultivemos.

VERSÍCULO PARA MEMORIZAR

Aprenda el versículo para memorizar. Encontrará sugerencias en la página 129.

ACTIVIDADES ADICIONALES

Elija una de las siguientes opciones para que los niños estudien la Biblia.

1. Jonatán y David hicieron un pacto. Para conocer más el pacto que hicieron David y Jonatán, lea 1 Samuel 18:1-4; 19:1-7; 20:1-42; 23:16-18. ¿Qué se prometieron el uno al otro? ¿Por qué Jonatán dio a David su manto, espada, arco y

cinturón? ¿Qué nos dice este relato acerca del carácter de Jonatán, y de la amistad que había entre David y Jonatán?

2. Lea las historias de otros pactos relatados en la Biblia. Comience con Génesis 9:8-17 y 15:9-18. ¿Entre quiénes se hicieron estos pactos y qué es lo que prometieron? ¿Qué tienen en común estos pactos con el pacto que hicieron David y Jonatán?

PREGUNTAS PARA LA COMPETENCIA (NIVEL BÁSICO)

Lea 1 Samuel 18:1-16, 28-30; 19:1-18 para preparar a los niños y niñas para la competencia.

1 **Después de matar a Goliat, ¿por qué David no volvió a la casa de su padre? (18:2)**

1. Le gustó la vida en el palacio.
2. Era peligroso que él viajara por el territorio de los filisteos.
3. **Saúl no le dejó volver a la casa de su padre.**

2 **¿Quién hizo pacto con David? (18:3)**

1. Saúl
2. Samuel
3. **Jonatán**

3 **¿Qué cantaban las mujeres cuando el ejército retornó después de dar muerte a Goliat? (18:6-7)**

1. "Cuán poderoso es Saúl nuestro rey".
2. **"Saúl hirió a sus miles, y David a sus diez miles".**
3. "Por fin nos hemos librado de los filisteos".

4 **¿Cómo trató Saúl a David después que escuchó los cantos de las mujeres? (18:8-9)**

1. **No miró a David con buenos ojos.**
2. Amó a David con todo su corazón.
3. Se olvidó de David.

5 **¿Por qué Saúl tenía miedo de David? (18:12)**

1. Saúl se dio cuenta de lo que David hizo a los filisteos.
2. Saúl tuvo una visión acerca de David.
3. **Porque Jehová estaba con David, pero se había apartado de Saúl.**

6 **¿Quién amaba a David? (18:28)**

1. **Mical**
2. Merab
3. Betsabé

7 **¿Qué pidió Saúl a Jonatán que hiciera contra David? (19:1)**

1. Que lo encerrara en la cárcel.
2. Que preparara una fiesta en su favor.
3. **Que lo matara.**

8 **Después que Jonatán habló bien de David, ¿cómo reaccionó Saúl? (19:4-6)**

1. **Juró que no mataría a David.**
2. Juró que la próxima vez mataría a David.
3. Lloró porque estaba arrepentido por la forma en que trató a David.

9 **Después que David huyó, ¿qué puso Mical en la cama para engañar a los mensajeros de Saúl? (19:12-13)**

1. Un ladrillo con lana de oveja
2. **Una estatua con una almohada de pelo de cabra**
3. Una jarra con pasto seco

10 **Termine este versículo: "No nos hagamos vanagloriosos, irritándonos unos a otros... (Gálatas 5:26).**

1. "... peleando con nuestros hermanos y hermanas".
2. **"... envidiándonos unos a otros".**
3. "... fastidiando a los que nos rodean".

PREGUNTAS PARA LA COMPETENCIA (NIVEL AVANZADO)

Lea 1 Samuel 18:1-16, 28-30; 19:1-18 para preparar a los niños y niñas para la competencia.

1 ¿Quién hizo pacto con David? (18:3)

1. Jehová
2. El rey Saúl
3. **Jonatán**
4. Samuel

2 ¿Qué le dio Jonatán a David? (18:4)

1. Su manto
2. Su espada
3. Su arco y cinturón
4. **Todas las respuestas son correctas.**

3 ¿Por qué Saúl puso a David al frente de su gente de guerra? (18:5)

1. Porque David estaba buscando ese trabajo.
2. **Porque David se portaba prudentemente.**
3. Saúl quería que David fallara.
4. Saúl estaba orgulloso de David.

4 ¿Qué hizo Saúl cuando un espíritu malo vino sobre él? (18:10-11)

1. Pidió que Samuel orara por él.
2. **Arrojó la lanza para enclavar a David a la pared.**
3. Lloró de dolor.
4. Envió a David lejos de él.

5 ¿Por qué el pueblo de Israel amaba mucho a David? (18:16)

1. Porque podía cantar y tocar el arpa.
2. Porque mató a todos los filisteos.
3. **Porque salía y entraba delante del pueblo; es decir, vivía cerca del pueblo.**
4. Porque era joven y de hermoso parecer.

6 ¿Qué le dijo Jonatán a David después que Saúl le pidió que matara a David? (19:1-3)

1. "Saúl mi padre procura matarte".
2. "Por tanto, cuídate hasta la mañana, y estate en lugar oculto y escóndete".
3. "Hablaré de ti a mi padre, y te haré saber lo que haya".
4. **Todas las respuestas son correctas.**

7 Nuevamente hubo guerra. ¿Quiénes huyeron cuando David hirió a los filisteos con gran estrago? (19:8)

1. Los soldados de Saúl
2. Los israelitas
3. **Los filisteos**
4. Los amoritas

8 ¿Qué hizo Mical cuando los mensajeros de Saúl llegaron para llevarse a David? (19:11-13)

1. Le advirtió a David.
2. Lo ayudó para que escapara por una ventana.
3. Puso una estatua sobre la cama y acomodó por cabecera una almohada de pelo de cabra.
4. **Todas las respuestas son correctas.**

9 ¿Qué les dijo Mical a los mensajeros de Saúl cuando fueron por David? (19:14)

1. **"Está enfermo".**
2. "Se escapó".
3. "Fue de viaje a otra ciudad".
4. "Se está ocultando".

10 ¿A dónde fue David después que Mical lo ayudó para que escapara de Saúl? (19:18)

1. Con Jonatán
2. Con sus hermanos
3. **Fue con Samuel.**
4. Con Isaí

VERSÍCULO PARA MEMORIZAR

"Jehová es bueno, fortaleza en el día de la angustia; y conoce a los que en él confían" (Nahum 1:7).

VERDAD BÍBLICA

Dios fortalece a su pueblo cuando éste pasa por problemas.

PROPÓSITO

En esta lección los alumnos aprenderán que, cuando nos encontremos en medio de situaciones difíciles, podemos ir a Dios para pedirle su ayuda. Posiblemente Dios no quitará el problema, pero estará allí para ayudarnos a salir de esa situación. Si se lo pedimos, él nos mostrará el camino para seguir adelante.

SUGERENCIAS PARA LA ENSEÑANZA

Hay situaciones que a los niños les causa temor: guerras, violencia, terremotos, separación y muerte.

Que sus alumnos sepan que el miedo es una emoción que todos tenemos, y que Dios estará con ellos en los tiempos difíciles, ayudándolos y fortaleciéndolos. Dios prefiere que confiemos en él en lugar de sentir temor por los problemas que experimentamos.

1 Samuel 21:1-9; 22:6-23; 23:14-18

COMENTARIO BÍBLICO

David huyó a Nob tan pronto como supo, por medio de Jonatán, que Saúl quería matarlo. Allí lo recibió el sacerdote Ahimelec, quien le dio el pan sagrado y la espada de Goliat. Eso animó a David y le hizo recordar que Jehová siempre estaría con él.

Doeg, el edomita, era fiel a Saúl. Él le dijo al rey que David estaba en Nob y que Ahimelec le había dado el pan sagrado y una espada. A oír esas noticias, Saúl mandó a buscar a Ahimelec y a su familia, y le preguntó por qué había ayudado a David y a sus hombres. Ahimelec le hizo recordar a Saúl que David siempre había sido fiel al rey; además, le dijo que él era inocente porque no sabía que Saúl tenía problemas con David.

Saúl no quiso escuchar a Ahimelec, y ordenó a sus soldados que mataran al sacerdote y a toda su familia. Ellos no quisieron matar a Ahimelec y a los otros sacerdotes, porque sabían que matar a un sacerdote de Dios era ir contra Jehová. El único que estuvo dispuesto a cumplir los deseos de Saúl fue Doeg, el edomita.

Mientras David permanecía en Hores, supo que Saúl lo buscaba para matarlo. Jonatán fue allí para animarlo; le dijo que él sería el rey y que Jonatán sería uno de sus siervos. Ambos hicieron un pacto delante de Jehová.

Por un lado, lo que Saúl hizo en Nob fue un ejemplo de que estaba dispuesto a todo, incluso matar a los sacerdotes de Dios. Por otro lado, lo que Jonatán hizo demostró que su corazón estaba con Jehová. Además, no tuvo problema para aceptar que Dios había elegido a David como rey de Israel.

CARACTERÍSTICAS DE DIOS

+ Dios es nuestra esperanza en tiempos difíciles.
+ Dios nos guiará si le pedimos ayuda.

PERSONAJES

+ **Ahimelec** era el sacerdote que ayudó a David cuando escapaba de Saúl.
+ **Doeg el edomita** era el pastor de los rebaños de Saúl. Los **edomitas** eran enemigos de Israel.

LUGARES

+ **Nob** era una ciudad de sacerdotes. Estaba más o menos a cuatro kilómetros (2.5 millas) de Jerusalén.
+ **El desierto de Zif** era un lugar árido que rodeaba a la ciudad de Zif.
+ **Hores** era el lugar donde David se escondió. Estaba situado en el desierto de Zif, al oeste del mar Muerto.

OBJETOS

+ **Pan sagrado** era un pan especial que cocinaban cada día y lo ponían en el tabernáculo. Generalmente los sacerdotes comían de ese pan cuando tenían que reemplazarlo.

ACTIVIDAD

Para esta actividad necesitará los siguientes objetos:

+ Obstáculos, por ejemplo sillas, cajas, pedazos de madera, etc.
+ Una tela para vendar los ojos.

Dentro del aula, o fuera de ella, prepare un camino con obstáculos. Que un niño con los ojos vendados pase por encima de la silla, que salte sobre un libro o trozo de madera, etc.

Llame a los niños o niñas por parejas. A uno de ellos póngale la venda en los ojos, y el otro deberá ser su guía. El guía le dirá a su compañero dónde están los obstáculos y cómo evitarlos. El guía en ningún momento debe tomar la mano de su compañero. Que esta actividad la realice una pareja a la vez.

Dígales: **Ustedes no hubieran podido ir por ese camino de obstáculos sin la ayuda de un guía. Sin sus direcciones habrían tropezado, se habrían caído o lastimado. En las lecciones anteriores hemos visto que Saúl nunca pidió la ayuda o guía de Dios para las decisiones que debía hacer. En esta lección veremos que David sí pidió ayuda de Dios cuando se encontró en problemas. Dios lo guió y lo cuidó de las intenciones que tenía Saúl.**

LECCIÓN BÍBLICA

Antes de enseñar a sus alumnos, prepare la siguiente historia basada en 1 Samuel 21:1-9; 22:6-23; 23:14-18.

David fue a Nob para hablar con el sacerdote Ahimelec. Le dijo que el rey lo había enviado con una misión y le pidió cinco panes para comer. El sacerdote le dijo que no tenía pan común, sólo el pan sagrado. Y se lo dio a David (21:1-6).

David también le preguntó si tenía una espada. La única espada que había allí era la espada de Goliat, y el sacerdote se la dio a David (21:8-9).

Ese día, en Nob estaba Doeg, el edomita, uno de los siervos de Saúl, y él vio que Ahimelec le dio a David pan y la espada de Goliat.

Saúl creía que sus siervos sabían dónde estaba escondido David. Pero fue Doeg, el edomita, quien le dijo al rey dónde había visto a David; además, le dijo que estaba con Ahimelec.

Saúl ordenó que llevaran a Ahimelec y a toda su familia delante de él. Saúl le preguntó al sacerdote por qué había conspirado contra él,

dando a David pan y la espada de Goliat. También le preguntó por qué había consultado a Jehová en favor de David.

Ahimelec le dijo que esta no había sido la primera vez que había consultado a Jehová en favor de David, y le rogó que no lo culpara de eso a él ni a la casa de su padre (22:13-15). Pero el rey le dijo: "Sin duda morirás, Ahimelec, tú y toda la casa de tu padre" (22:16). Saúl ordenó a la gente de su guardia que mataran a los sacerdotes, pero los guardias no quisieron hacerlo. Entonces le pidió a Doeg, el edomita, que lo hiciese. Fue así como Doeg mató en Nob a 85 sacerdotes; también mató a hombres como a mujeres, a los niños hasta los de pecho, bueyes, asnos y ovejas. Pero Abiatar, hijo de Ahimelec, escapó para unirse a David.

Abiatar le relató a David todo lo que vio y lo que había hecho Saúl. Ante esas noticias, David se sintió responsable por la muerte de Ahimelec y su familia. Le pidió a Abiatar que se quedara con él porque allí, al lado de David, estaría a salvo.

David permaneció en los montes del desierto de Zif porque allí había escondrijos dónde ocultarse con sus hombres. Cada día Saúl buscaba a David, pero Dios no permitió que Saúl lo encontrara.

Pida a los alumnos que respondan las siguientes preguntas. No hay respuestas falsas o verdaderas. El propósito es ayudar a los niños para que comprendan la historia bíblica y la apliquen a su vida.

Jonatán fue a David en Hores, y lo ayudó a fortalecer su mano en Dios. Jonatán le dijo a David que Saúl no lo mataría. Los dos hombres hicieron un pacto delante de Dios.

1. ¿Cuál es la razón que dio David para ir a Nob? En su opinión, ¿por qué David le mintió a Ahimelec?

2. 1 Samuel 22:22 nos dice que David había visto a Doeg, el edomita. ¿Qué pensó David cuando lo vio? Si ustedes hubieran estado en el lugar de David, ¿qué habrían hecho?

3. El versículo para memorizar, Nahum 1:7, ¿cómo se relaciona con la lección de hoy?

Dígales: Cuando pasamos por tiempos difíciles, todos tenemos miedo e incertidumbre. ¿Qué es lo que les causa temor? ¿Qué debemos hacer cuando el temor se apodera de nosotros? Deje que los niños respondan a sus preguntas. Si nadie lo hace, dígales: **Debemos ir a Dios para buscar su consejo y guía.**

David tenía mucho temor de Saúl. Él confió en que Jehová lo ayudaría. Dios ayuda a su pueblo en tiempos difíciles. Si le pedimos su ayuda, él nos responderá. Siempre estará con nosotros.

VERSÍCULO PARA MEMORIZAR

Aprenda el versículo para memorizar. Encontrará sugerencias en la página 129.

ACTIVIDADES ADICIONALES

Elija una de las siguientes opciones para que los niños estudien la Biblia.

1. Haga una lista de todas las formas en que podemos encontrar la ayuda de Dios. Algunas respuestas posibles son: oración, lectura de la Biblia, predicaciones y lecciones bíblicas, y el consejo de personas cristianas maduras en la fe. Provea materiales para que los niños hagan un póster sobre este tema.

2. Lea 1 Samuel 19:4-6 y 22:14. Compare la forma en que Ahimelec y Jonatán defendieron a David. ¿Qué le sucedió a Jonatán por haber defendido a David? ¿Qué le sucedió a Ahimelec cuando defendió a David?

PREGUNTAS PARA LA COMPETENCIA (NIVEL BÁSICO)

Lea 1 Samuel 21:1-9; 22:6-23; 23:14-18 para preparar a los niños y niñas para la competencia.

1 ¿Qué le pidió David al sacerdote Ahimelec? (21:3)

1. Una bendición
2. **Cinco panes**
3. Un mapa

2 ¿Cuál de los siervos de Saúl estaba en Nob cuando David se encontró con Ahimelec? (21:7)

1. **Doeg, el edomita**
2. Aquis
3. Abiatar

3 ¿Qué dijo David cuando Ahimelec le dio la espada? (21:9)

1. "Recuerdo bien lo que pasó ese día".
2. "Si es la única espada que tienes, la tomaré".
3. **"Ninguna como ella; dámela".**

4 ¿Quién le dijo a Saúl que David estaba en Nob con Ahimelec? (22:9)

1. **Doeg, el edomita**
2. El líder del ejército de Saúl
3. Jonatán

5 ¿Qué dijo Ahimelec cuando Saúl lo acusó de haber ayudado a David? (22:15)

1. "Te diré todo lo que sé, porque soy el siervo del rey".
2. **"No culpe el rey de cosa alguna a su siervo, ni a toda la casa de mi padre; porque tu siervo ninguna cosa sabe de este asunto"**
3. "No te diré nada; sólo Jehová te juzgará".

6 ¿Cuál fue la orden que dio Saúl en contra de los sacerdotes de Nob? (22:17)

1. Déjenlos ir.
2. **Matad a todos.**
3. Maten sólo a Ahimelec.

7 ¿A quién mató Doeg, el edomita? (22:18-19)

1. A 85 sacerdotes
2. A todos los que vivían en Nob, incluyendo a los animales.
3. **Ambas respuestas son correctas.**

8 Después de saber de la muerte de todos los sacerdotes, ¿qué le dijo David a Abiatar? (22:22-23)

1. "Quédate conmigo, no temas".
2. "Quien buscare mi vida, buscará también la tuya; pues conmigo estarás a salvo".
3. **Ambas respuestas son correctas.**

9 ¿Por qué Saúl no pudo encontrar a David cuando este estaba en el desierto de Zif? (23:14)

1. **Dios no lo entregó en sus manos.**
2. Saúl no lo buscó en los lugares correctos.
3. David se escondió entre las rocas.

10 ¿Quién fue a Hores para ver a David y fortalecer su mano en Dios? (23:16)

1. Mical
2. **Jonatán**
3. Samuel

PREGUNTAS PARA LA COMPETENCIA (NIVEL AVANZADO)

Lea 1 Samuel 21:1-9; 22:6-23; 23:14-18 para preparar a los niños y niñas para la competencia.

1 ¿Qué le dijo David a Ahimelec cuando se encontraron en Nob? (21:2-3)

1. "El rey me encomendó un asunto".
2. "Y yo les señalé a los criados un cierto lugar".
3. "Dame cinco panes, o lo que tengas".
4. **Todas las respuestas son correctas.**

2 "¿A quién pertenecía la espada que le dio Ahimelec a David?" (21:9)

1. **A Goliat**
2. A Samuel
3. A Saúl
4. A Jonatán

3 En Gabaa, ¿de qué acusó Saúl a sus siervos? (22:8)

1. De haber conspirado contra Saúl.
2. De que Jonatán había hecho alianza con David.
3. De que ninguno de ellos se dolía de él.
4. **Todas las respuestas con correctas.**

4 ¿Cómo reaccionó Saúl cuando Doeg, el edomita, le dijo que Ahimelec había ayudado a David? (22:10-11)

1. **Envió por el sacerdote Ahimelec y toda la casa de su padre.**
2. Tiró su lanza contra Doeg, el edomita.
3. Les dijo a sus siervos que se fueran a sus casas.
4. Todas las respuestas son correctas.

5 De acuerdo con Saúl, ¿qué les iba a suceder a Ahimelec y a la casa de su padre? (22:16)

1. Vivirían en el palacio de Saúl.
2. Llegarían a ser esclavos.
3. **Ahimelec y la casa de su padre morirían.**
4. Todas las respuestas son correctas.

6 ¿Quiénes desobedecieron las órdenes de Saúl? (22:17)

1. Doeg, el edomita
2. **La guardia de Saúl**
3. David
4. Jonatán

7 ¿Quién le avisó a David acerca de la matanza de los sacerdotes? (22:20-21)

1. **Abiatar, hijo de Ahimelec**
2. Ahitob, hijo de Abiatar
3. Ahimelec, hijo de Ahitob
4. Jonatán, hijo de Saúl

8 ¿Qué le dijo David a Abiatar? (22:22-23)

1. "Yo sabía que Doeg el edomita lo había de hacer saber".
2. "Yo he ocasionado la muerte a todas las personas".
3. "Conmigo estarás a salvo".
4. **Todas las respuestas son correctas.**

9 ¿Qué hizo Jonatán en favor de David en Hores? (23:16)

1. Le llevó comida.
2. **Fortaleció su mano en Dios.**
3. Le dijo cómo debía escapar.
4. Le dio un ejército.

10 Termine este versículo: "Jehová es bueno, fortaleza..." (Nahum 1:7).

1. "... en aguas turbulentas. Él te guiará en medio de la tormenta".
2. **"... en el día de la angustia; y conoce a los que en él confían".**
3. "... en tiempos difíciles. Redime a los que confían en él".
4. "... en todo tiempo. Él protege a sus hijos bajo sus alas".

"No seas vencido de lo malo, sino vence con el bien el mal" (Romanos 12:21).

VERDAD BÍBLICA

Dios quiere que respetemos a los que están en cargos de autoridad, incluso cuando no estamos de acuerdo con ellos.

PROPÓSITO

En esta lección sus alumnos aprenderán que a Dios no le agrada cuando deseamos vengarnos. Él quiere que respetemos a las autoridades.

SUGERENCIAS PARA LA ENSEÑANZA

Que sus alumnos recuerden que Dios nunca nos pedirá que violemos sus enseñanzas. David tuvo la oportunidad de matar a Saúl y así llegar a ser el rey de Israel, pero no lo hizo porque Saúl había sido ungido por Jehová. Él esperó que Dios resolviera el problema.

LECCIÓN 14
1 Samuel 24:1-22

COMENTARIO BÍBLICO

Lea 1 Samuel 24:1-22. Alguien le dijo a Saúl que David estaba en el desierto de En-gadi. Inmediatamente tomó 3,000 hombres para ir en busca de David. Al llegar a un redil de ovejas en el camino, donde había una cueva, Saúl entró allí sin saber que David estaba escondido en esa misma cueva.

Sin hacer ruido, David fue hacia Saúl y cortó la orilla de su manto. Los hombres que estaban con él le aconsejaron que matara a Saúl, pero David les dijo que no mataría a una persona que era el ungido de Dios.

Cuando David salió de la cueva, llamó a Saúl e hizo reverencia ante su rey, y le dijo que no debería escuchar a los que decían que David procuraba el mal del rey. Entonces le mostró a Saúl el pedazo del manto. Cuando Saúl lo vio, en ese momento supo que David no deseaba matarlo.

La actitud de David hacia Saúl honró a Jehová, pero también fue un testimonio que mostró a todos el respeto que David tenía hacia su rey. Saúl se dio cuenta de que Jehová había escogido a David como el próximo rey de los israelitas.

CARACTERÍSTICAS DE DIOS

+ Jehová no quiere que tengamos espíritu de venganza.
+ Jehová quiere que respetemos a los que están en cargos de autoridad.

PALABRAS RELACIONADAS CON NUESTRA FE

+ **Justo** significa tener una correcta relación con Dios y vivir de tal manera que nuestro pensamiento, nuestras palabras y acciones honren a Jehová.

PERSONAJE

+ **El ungido de Dios** es una persona a quien Jehová ha elegido. Saúl fue ungido por Dios para que fuera el rey de Israel.

LUGARES

+ **Peñascos de las cabras monteses** es un lugar empinado y rocoso que está situado en el desierto de En-gadi.

FRASES

+ **Un voto** es una promesa hecha a Dios.
+ **Hizo reverencia** se refiere a cuando una persona se arrodilla o inclina todo su cuerpo en tierra para mostrar respeto y honra a alguien superior. Esa es la reverencia que mostró David a Saúl.

ACTIVIDAD

Para esta actividad necesitará lo siguiente:

+ Una tela
+ Un par de tijeras

Antes que los alumnos lleguen al salón, corte pequeños pedazos de tela para cada niño y niña. Busque un lugar donde puedan jugar a las "escondidas".

Ponga los pedazos de tela en una caja que esté en un lugar al alcance de todos. Elija uno o dos lugares de refugio, donde el niño o niña que llegue allí, estará a salvo.

Dígales: **Ahora jugaremos a las escondidas.** Elija a un niño o niña para que encuentre a los que se esconderán. Los otros buscarán los lugares donde esconderse. El propósito de este juego es que, los que estén escondidos, salgan de su lugar para ir a la caja donde hay telas, tomen un pedazo y corran a los lugares de refugio. El niño que debe encontrar a sus compañeros contará lentamente hasta 20 para que sus compañeros tengan tiempo para esconderse. Luego irá en busca de ellos, man-

teniéndose a buena distancia de la caja donde están los pedazos de tela.

Cuando vaya en busca de sus amigos y vea dónde se escondieron, correrá para atraparlos y así impedir que vayan a la caja para sacar el pedazo de tela. El niño o niña que sean atrapados, saldrán del juego. Esta actividad terminará cuando todos lleguen a los lugares de refugio con un pedazo de tela o sean atrapados. Si hay tiempo, pueden jugar con otro niño o niña que desee buscar a sus compañeros.

Dígales: **Hoy estudiaremos acerca de una persona que se escondió y cortó un pedazo de tela del manto de un rey.**

LECCIÓN BÍBLICA

Antes de enseñar a sus alumnos, prepare la siguiente historia basada en 1 Samuel 24:1-22.

Saúl supo que David estaba en el desierto de En-gadi; por tanto, con 3,000 de los mejores guerreros fue en busca de David por las cumbres de los peñascos de las cabras monteses (24:2).

En el camino, Saúl encontró una cueva y se puso a la entrada de ella para descansar. Él no sabía que David y sus hombres estaban sentados en los rincones de la cueva (24:3). Cuando se dieron cuenta de que Saúl estaba allí, los hombres de David le dijeron: "He aquí el día de que te dijo Jehová: He aquí que entrego a tu enemigo en tu mano, y harás con él como te pareciere" (24:4). Ellos vieron que esa era una de las mejores oportunidades que tenía David para atacar a Saúl.

Pero David tenía otros planes. Se acercó con cuidado hasta donde estaba Saúl y cortó la orilla de su manto. La Biblia nos dice que el corazón de David se turbó y dijo a sus hombres: "Jehová

me guarde de hacer tal cosa contra mi señor, el ungido de Jehová" (24:6).

David honró a Jehová y al rey a quien Dios había ungido para ser rey sobre Israel. Por esta razón David no le hizo ningún daño a Saúl. Reprimió a sus hombres y no les permitió que se sublevaran contra el rey.

Después de ese incidente, Saúl salió de la cueva y siguió su camino (24:7).

También David salió de la cueva y dio voces a Saúl diciendo: "¡Mi señor el rey!" (24:8), e hizo reverencia. Y le dijo: "¿Por qué oyes las palabras de los que dicen: Mira que David procura tu mal? He aquí han visto hoy tus ojos cómo Jehová te ha puesto hoy en mis manos en la cueva; y me dijeron que te matase, pero te perdoné, porque dije: No extenderé mi mano contra mi señor, porque es el ungido de Jehová" (24:9-10). Luego David le mostró a Saúl la orilla del manto y le dijo: "Mira, padre mío, mira la orilla de tu manto en mi mano; porque yo corté la orilla de tu manto, y no te maté... Juzgue Jehová entre tú y yo, y véngume de ti Jehová; pero mi mano no será contra ti" (24:11-12).

Cuando David acabó de decir esas palabras, Saúl le preguntó: "¿No es esta la voz tuya, hijo mío David? Y alzó Saúl su voz y lloró" (24:16). Y continuó diciendo: "Más justo eres tú que yo, que me has pagado con bien, habiéndote yo pagado con mal. Jehová te pague con bien por lo que en este día has hecho conmigo. Y ahora, como yo entiendo que tú has de reinar, y que el reino de Israel ha de ser en tu mano firme y estable, júrame, pues, ahora por Jehová, que no destruirás mi descendencia después de mí, ni borrarás mi nombre de la casa de mi padre" (24:17-21).

David prometió que no haría ningún mal a la casa de Saúl. El rey se fue a su casa, pero David y sus hombres subieron al lugar fuerte. Desde ese momento David ya no estuvo al servicio de Saúl.

Pida a los alumnos que respondan las siguientes preguntas. No hay respuestas falsas o verdaderas. El propósito es ayudar a los niños para que comprendan la historia bíblica y la apliquen a su vida.

1. Supongamos que ustedes son David, ¿qué harían si tuviesen la oportunidad de matar a Saúl?

2. Los hombres de David le dijeron que Dios le había prometido entregar a Saúl en sus manos. Pero eso no es lo que dice la palabra de Dios. En su opinión, ¿por qué los hombres de David le dijeron eso?

3. ¿Por qué David no mató al rey Saúl? ¿Qué sintió David después de cortar la orilla del manto del rey? ¿Por qué se turbó el corazón de David después de haber cortado la orilla del manto de Saúl?

4. ¿Qué dijo Saúl cuando David le mostró la orilla de su manto? Si estuvieran en la situación de Saúl, ¿cuál sería su respuesta?

5. En su opinión, ¿sería fácil obedecer a un jefe que trate mal a sus empleados? ¿Qué harían ustedes?

Dígales: Una persona que está en un cargo de autoridad es alguien que tiene poder. ¿Por qué es importante respetar a una persona que tiene autoridad? ¿Qué pasaría si no respetáramos a las autoridades? Podemos estar en desacuerdo con la persona que tiene autoridad, pero aun así Dios quiere que la respetemos.

VERSÍCULO PARA MEMORIZAR

Aprenda el versículo para memorizar. Encontrará sugerencias en la página 129.

ACTIVIDADES ADICIONALES

Elija una de las siguientes opciones para que los niños estudien la Biblia.

1. Lea estos pasajes que hablan acerca de las autoridades: Romanos 13:1-7; Hebreos 13:7; Mateo 22:15-22; Daniel 6:1-28. Pregúnteles: **¿Por qué Jehová nos manda que obedezcamos a las autoridades? ¿Cómo podemos mostrarles respeto? ¿Qué nos pasará si no les obedecemos? ¿En algún momento Dios nos ha pedido que desobedezcamos a los que están en cargos de autoridad? ¿Por qué Daniel desobedeció a los que tenían autoridad?**

2. Haga una cronología de la relación entre David y Saúl. Dibuje símbolos que representen los tiempos de tensión y de paz que hubo entre ellos.

PREGUNTAS PARA LA COMPETENCIA (NIVEL BÁSICO)

Lea 1 Samuel 24:1-22 para preparar a los niños y niñas para la competencia.

1 ¿Quién entró en la cueva donde David y sus hombres se habían escondido? (24:3)

1. Saúl
2. Jonatán
3. Samuel

2 ¿Qué hizo David cuando Saúl estaba en la cueva? (24:4)

1. Lo abrazó.
2. Cortó la orilla del manto de Saúl.
3. Golpeó a Saúl.

3 Cuando David y sus hombres estaban en la cueva, ¿qué es lo que David no permitió que hiciesen sus hombres? (24:7)

1. Que se levantasen contra Saúl.
2. Que lo dejaran en la cueva.
3. Que se unieran a Saúl.

4 Después que David salió de la cueva, ¿qué fue lo primero que le dijo a Saúl? (24:8)

1. "¡Has tratado mal a tus siervos!"
2. Ahora pelearé contigo.
3. "¡Mi Señor el rey!"

5 Después que Saúl salió de la cueva, ¿qué le mostró David? (24:11)

1. Una flor
2. La orilla del manto de Saúl
3. Un cuchillo

6 ¿Cuál fue la reacción de Saúl después que David le habló fuera de la cueva? (24:16)

1. Saúl lloró.
2. Saúl maldijo su propio nombre.
3. Saúl oró.

7 ¿Quién dijo: "Me has pagado con bien, habiéndote yo pagado con mal"? (24:17).

1. Saúl
2. David
3. Samuel

8 De acuerdo con Saúl, ¿quién sería el nuevo rey de Israel? (24:20)

1. Salomón
2. David
3. Jonatán

9 **¿Cuál es el pacto que hizo David con Saúl? (24:21-22)**

1. **No destruiría la descendencia después de Saúl, ni borraría su nombre de la casa de su padre.**

2. David no pelearía contra Saúl.

3. David permanecería lejos de Saúl.

10 **¿A dónde se fueron David y sus hombres después de haber jurado a Saúl? (24:22)**

1. A su casa

2. **Al lugar fuerte**

3. A la cueva

PREGUNTAS PARA LA COMPETENCIA (NIVEL AVANZADO)

Lea 1 Samuel 24:1-22 para preparar a los niños y niñas para la competencia.

1 **¿Dónde buscó Saúl a David cuando éste estaba en el desierto de En-gadi? (24:1-2)**

1. En el valle de la Oveja Perdida

2. **En las cumbres de los peñascos de las cabras monteses**

3. En el cerro del Lobo Solitario

4. En la montaña del León Cobarde

2 **¿Qué le dijeron los hombres de David cuando descubrieron que Saúl estaba en la cueva? (24:4)**

1. "No seas tonto".

2. "Sé fuerte. Jehová estará contigo".

3. "¡Guarda silencio! Te escuchará".

4. **"He aquí el día de que te dijo Jehová: He aquí que entrego a tu enemigo en tu mano".**

3 **¿Cómo se sintió David después de haber cortado la orilla del manto de Saúl? (24:5)**

1. Poderoso

2. Emocionado

3. Temeroso

4. **Turbado de corazón**

4 **¿Qué dijo David a sus hombres después de haber cortado la orilla del manto de Saúl? (24:6)**

1. **"Jehová me guarde de hacer tal cosa contra mi señor" (24:6).**

2. "Jehová puso a mi enemigo en mis manos".

3. "Se hará la voluntad de Jehová".

4. "Me sorprende que no me vio. Jehová me protegió".

5 **¿Qué hizo David después que salió de la cueva y llamó a Saúl? (24:8)**

1. David lloró.

2. **Inclinó su rostro a tierra, e hizo reverencia.**

3. David prometió servir a Saúl mientras viviera.

4. David prometió servir a Jehová mientras viviera.

6 **¿Qué le dijo David a Saúl después que salió de la cueva? (24:9-11)**

1. "¿Por qué oyes las palabras de los que dicen: Mira que David procura tu mal?"

2. "Porque dije: No extenderé mi mano contra mi señor, porque es el ungido de Jehová".

3. "Porque yo corté la orilla de tu manto, y no te maté".

4. **Todas las respuestas son correctas.**

7 **De acuerdo con David, ¿quién vengaría la maldad que Saúl procuraba contra él? (24:12)**

1. David

2. **Jehová**

3. Los hombres de David

4. Jonatán

8 ¿Cuál es el proverbio que David citó a Saúl? (24:13).

1. **"De los impíos saldrá la impiedad".**

2. "No muerdas la mano que te da de comer".

3. "Bendito sea el lazo que te ata".

4. "El mal acecha entre las sombras oscuras".

9 ¿Quien dijo: "Pues no me has dado muerte, habiéndome entregado Jehová en tu mano"? (24:18)

1. **Saúl**

2. David

3. El capitán de David

4. El capitán de Saúl

10 Termine este versículo: "No seas vencido de lo malo... (Romanos 12:21).

1. "... de este mundo, siempre evita la maldad".

2. "... ni del gozo, pon a un lado tu felicidad para que permanezcas fuerte".

3. "... y cosas semejantes, sino levántate sobre ellas con la fuerza de tu fe".

4. **"... sino vence con el bien el mal".**

1 Samuel 25:1-42

VERDAD BÍBLICA

Dios quiere que estemos en paz con todos.

PROPÓSITO

En esta lección los alumnos aprenderán que Dios quiere que seamos pacificadores. Debemos ayudar a otros cuando se encuentren en situaciones difíciles. Buscaremos a Dios para hacer decisiones sabias cuando ayudemos a otros a ser pacificadores.

SUGERENCIAS PARA LA ENSEÑANZA

Al relacionarse los niños con sus amigos y las familias de ellos, tendrán la oportunidad de ayudarles a resolver sus problemas. Anímelos a buscar el consejo de Dios cuando ayuden a otros a estar en paz con todos. Dios quiere que, con su ayuda, seamos pacificadores. Hay problemas que sus alumnos no podrán resolver; por tanto, los niños y niñas pueden orar a Dios para ayudar a las personas a ser pacificadoras.

COMENTARIO BÍBLICO

Lea 1 Samuel 25:1-42. David envió a diez jóvenes para que hablaran con Nabal —un hombre muy rico— y le pidieran que proveyera alimento para David y sus siervos. David había sido generoso, protegiendo a los pastores de Nabal cuando estaban en Carmel. Por tanto, creyó que Nabal correspondería respondiendo a su petición. En esa época, cuando era tiempo de esquilar, generalmente había comida en abundancia.

Nabal rehusó ayudar a David, mostrando así su ingratitud, egoísmo y desobediencia a los mandamientos de Dios en relación a la hospitalidad. Tampoco honró a David como el ungido por Dios.

Cuando David escuchó la respuesta, se preparó para matar a los siervos de Nabal y todo lo que le pertenecía. Pero Abigail, la esposa de Nabal, no era como él. Ella era sabia, cortés y generosa. Por tanto, le llevó regalos a David y le pidió que perdonara a su esposo. David aceptó los regalos y la bendijo porque ella había impedido que él cometiera un terrible pecado. Los dos acordaron poner el caso en las manos de Jehová.

Nabal murió y Abigail llegó a ser esposa de David. Jehová bendijo a Abigail por su actitud pacificadora.

CARACTERÍSTICAS DE DIOS

+ Dios quiere que seamos pacificadores.
+ Dios bendice a los que son bondadosos.

PERSONAJES

+ **Nabal** era muy rico; tenía muchos rebaños de ovejas.
+ **Abigail** era la viuda de Nabal; llegó a ser esposa de David.

LUGARES

+ **Ramá** era el lugar donde Samuel nació, vivió y fue enterrado.
+ **Maón** era una ciudad de Judá, cerca de Carmel.
+ **Carmel** era una ciudad situada más o menos a 21 kilómetros (13 millas) al oeste del mar Muerto.

ACTIVIDAD

Dígales: El que procura estar en paz con todos, ayuda a resolver los desacuerdos que puedan surgir entre las personas. Abigail era ese tipo de persona; procuró la paz entre su familia y David. En esta lección aprenderemos más acerca de los pacificadores.

Procure que sus alumnos piensen en algunos problemas que tienen con sus amigos. Por ejemplo: Tu mejor amigo está hablando mal de ti porque ahora pasas más tiempo con el nuevo alumno que se inscribió en la escuela.

Pídales que dialoguen sobre cómo resolver el problema. Como clase de escuela dominical, discutan cómo sus alumnos pueden llegar a ser pacificadores. Hablen de las distintas formas de ser pacificadores. Que ellos entiendan que hay problemas que no podrán resolverse sin la ayuda de una persona adulta. Dé ejemplos de algunos casos cuando un niño debe pedir la ayuda de un adulto.

LECCIÓN BÍBLICA

Antes de enseñar a sus alumnos, prepare la siguiente historia basada en 1 Samuel 25:1-42.

Samuel había muerto y todos los israelitas se reunieron para llorarlo y sepultarlo en Ramá.

Después, David se fue a Maón. Allí vivía un varón llamado Nabal que era muy rico. Abigail, su esposa, era una mujer inteligente y hermosa, pero Nabal era malvado.

David envió a diez jóvenes para que saludaran y bendijeran a Nabal. Los jóvenes le hicieron recordar que cuando los pastores de Nabal estaban en Carmel, no les había pasado nada malo porque estuvieron bajo el cuidado de David. Por esa razón, los jóvenes le pidieron comida y agua a Nabal.

Nabal les respondió diciendo que no conocía quién era David; por tanto, no quiso darles lo que pedían. Él comparó a David, y a los que con él estaban, con aquellos siervos que se rebelan y huyen de sus amos (25:10).

Los jóvenes volvieron y le contaron a David todo lo que había dicho Nabal. Al escuchar el informe, ordenó a sus hombres que prepararan sus espadas, y 400 hombres fueron con David para vengarse de Nabal.

Uno de los siervos de Nabal le dijo a Abigail lo que había pasado entre los mensajeros de David y Nabal. Los siervos también le dijeron a Abigail la forma en que Nabal había insultado a David.

Entonces Abigail tomó panes, vino, carne, grano tostado, uvas pasas e higos secos, y lo cargó todo en asnos. Y les dijo a sus criados que fueran adelante y ella los seguiría. Todo esto lo hizo sin que su marido Nabal lo supiera.

En el camino, Abigail se encontró con David y se postró sobre su rostro delante de él. Luego le pidió que no le hiciera caso a Nabal porque era un hombre perverso, y se comportaba de acuerdo a su nombre, que quiere decir "insensato". Después le dio los regalos que había llevado para David y le pidió que perdonara su ofensa (25:28).

David le respondió a Abigail: "Bendito sea Jehová Dios de Israel, que te envió para que hoy me encontrases". Después de aceptar los regalos que ella le dio, David le dijo que, ese día, ella había impedido que él derramara sangre.

Al día siguiente, Abigail le contó a Nabal lo que había hecho. Mientras él escuchaba lo que su esposa le estaba diciendo, le dio un ataque al corazón. Diez días después, Nabal murió.

Cuando David oyó la noticia de la muerte de Nabal, alabó a Jehová. Luego envió mensajeros para que le dijeran a Abigail que él quería tomarla como su mujer. Ella se levantó, montó un asno y fue con David para ser su esposa.

Pida a los alumnos que respondan las siguientes preguntas. No hay respuestas falsas o verdaderas. El propósito es ayudar a los niños para que comprendan la historia bíblica y la apliquen a su vida.

1. **El nombre de Nabal significa "insensato" o tonto. De acuerdo con este relato, ¿cuál fue la decisión tonta que hizo él?**

2. **Abigail era pacificadora. Pacificador es alguien que ayuda a resolver los desacuerdos de las personas. En este relato bíblico, ¿cuál es la paz que hizo Abigail?**

3. **¿Cómo se relaciona Romanos 12:18 con la historia bíblica?**

Diga a sus alumnos: **Dios quiere que su pueblo haga la paz con todos. Cuando tratemos de hacer la paz, posiblemente enfrentemos situaciones que no podremos resolver por nosotros mismos. Cuando eso suceda, encuentren a una persona sabia y pacificadora. Tal vez hoy puedan ser pacificadores. Piensen en algunos desacuerdos que tienen las personas para que ustedes les ayuden a resolverlos. No se olviden de pedir a Dios que les dé sabiduría y ayuda.**

VERSÍCULO PARA MEMORIZAR

Aprenda el versículo para memorizar. Encontrará sugerencias en la página 129.

ACTIVIDADES ADICIONALES

Elija una de las siguientes opciones para que los niños estudien la Biblia.

1. Abigail llegó a ser una heroína. Ayudó a David en el momento oportuno. ¿Quién es tu héroe o heroína? Debe ser alguien que constantemente muestre compasión y ayude a otras personas. Envíale a esa persona una tarjeta para que sepa que estás agradecido o agradecida por lo que hace por otros.

2. Abigail era una persona que buscaba la paz entre su familia y David. Lea Hechos 9:26-31. ¿En qué sentido fue Bernabé un pacificador? ¿Cómo resolvieron los doce discípulos el problema con relación a las viudas?

PREGUNTAS PARA LA COMPETENCIA (NIVEL BÁSICO)

Lea 1 Samuel 25:1-42 para preparar a los niños y niñas para la competencia.

1 **¿Qué hizo todo Israel cuando murió Samuel? (25:1)**

1. Edificó un monumento.
2. **Lloraron por él.**
3. Se alegraron

2 **¿Cómo describe la Biblia a Nabal? (25:2-3)**

1. **Un hombre rico que vivía en Maón, duro y de malas obras.**
2. Un hombre pobre de Belén
3. Un rey muy rico

3 **¿Cómo describe la Biblia a Abigail? (25:3)**

1. Una mujer tranquila y generosa

2. **Una mujer inteligente y hermosa**

3. Ambas respuestas son correctas

4 **David estaba en el desierto y escuchó que Nabal estaba... (25:4)**

1. Trillando trigo.

2. **Esquilando sus ovejas.**

3. Cuidando sus viñedos.

5 **¿Cuál fue la respuesta de Nabal a los jóvenes que David envió? (25:10-11)**

1. ¿Quién es David?

2. ¿He de tomar yo ahora mi pan, mi agua, y la carne que he preparado para mis esquiladores?

3. **Ambas respuestas son correctas.**

6 **¿Quién le dijo a Abigail que Nabal había insultado a David? (25:14)**

1. **Uno de los criados**

2. Uno de los siervos de David

3. David

7 **¿Quién dijo que no hicieran caso a Nabal? (25:25)**

1. **Abigail**

2. El siervo de Abigail

3. El siervo de David

8 **¿Qué le dijo David a Abigail después que ella le rogó que perdonara a Nabal? (25:28-35)**

1. "Bendito sea tu razonamiento, y bendita tú".

2. "Sube en paz a tu casa, y mira que he oído tu voz".

3. **Ambas respuestas son correctas.**

9 **¿Qué pasó cuando Nabal supo lo que Abigail había hecho en favor de David? (25:37-38)**

1. **Desmayó su corazón en él, y diez días después murió.**

2. Se divorció de ella.

3. Estaba contento porque ella había ayudado a David.

10 **Después de la muerte de Nabal, ¿qué le pidió David a Abigail? (25:39)**

1. Que le diera más comida a sus siervos.

2. **Que fuera su esposa.**

3. Que cocinara para sus siervos.

PREGUNTAS PARA LA COMPETENCIA (NIVEL AVANZADO)

Lea 1 Samuel 25:1-42 para preparar a los niños y niñas para la competencia.

1 **¿Qué tipo de persona era Nabal? (25:3)**

1. Jovial y alegre

2. **Duro y de malas obras**

3. Bondadoso y justo con todos

4. Todas las respuestas son correctas.

2 **¿Cuál fue el mensaje que dio David a Nabal por medio de los 10 jóvenes? (25:5-8)**

1. "Sea paz a ti".

2. "Tus pastores han estado con nosotros; no les tratamos mal".

3. "Te ruego que des lo que tuvieres a mano a tus siervos".

4. **Todas las respuestas son correctas.**

3 **¿Cuál fue la respuesta de Nabal al pedido de David? (25:10-11)**

1. "¿Cuánta comida necesitas?"

2. "No puedo alimentar a tantos hombres".

3. "Pregunta a mi esposa".

4. **"¿He de tomar yo ahora mi pan, mi agua, y la carne que he preparado para mis esquiladores, y darla a hombres que no sé de dónde son?"**

4 **¿Cómo reaccionó David ante la respuesta de Nabal? (25:12-13)**

1. David oró a Dios para que le diera sabiduría.

2. **David les dijo a sus siervos: "Cíñase cada uno su espada".**

3. David dijo: "Maten a ese malvado".

4. David preguntó por la familia de Nabal.

5 **¿Qué hizo Abigail cuando supo del trato que Nabal le había dado a David? (25:18-20)**

1. Le rogó a Nabal que les diese comida.

2. Estuvo de acuerdo con Nabal.

3. **Cargó comida en los asnos y se la llevó a David.**

4. Le pidió a David que se reuniera con ella.

6 **¿Qué dijo David antes que Abigail se encontrara con él? (25:21)**

1. "Yo mismo hablaré a Nabal".

2. **"Él me ha vuelto mal por bien".**

3. "Robaremos las ovejas de Nabal".

4. Todas las respuestas son correctas.

7 **¿Cuándo murió Nabal? (25:36-38)**

1. Diez años después de que Nabal se negó a ayudar a David.

2. Cuando Abigail le dijo que Nabal era insensato.

3. **Diez días después de que Abigail le dijo que había ayudado a David.**

4. Antes que Abigail retornara a casa después de su reunión con David.

8 **¿Cuándo dijo David: "Bendito sea Jehová, que juzgó la causa de mi afrenta recibida de mano de Nabal"? (25:39)**

1. Cuando recibió los regalos de Abigail.

2. Cuando se casó con Abigail.

3. Cuando oyó que Nabal había perdido todas sus ovejas.

4. **Cuando oyó que Nabal había muerto.**

9 **¿Quiénes viajaron con Abigail cuando fue para ser esposa de David? (25:42)**

1. Un asno

2. Cinco doncellas

3. Los mensajeros de David

4. **Todas las respuestas son correctas.**

10 **Complete este versículo: "Si es posible, en cuanto dependa de vosotros..." (Romanos 12:8)**

1. "... encuentren la forma de hacer justicia cuando se equivoquen".

2. "... vivan en paz".

3. **"... estad en paz con todos los hombres".**

4. "... busquen la paz en el mundo".

VERSÍCULO PARA MEMORIZAR

"Ahora pues, Jehová Dios, tú eres Dios, y tus palabras son verdad, y tú has prometido este bien a tu siervo" (2 Samuel 7:28).

VERDAD BÍBLICA

Dios cumple lo que ha prometido.

PROPÓSITO

Dios premia a los que le obedecen. Siempre cumple sus promesas.

SUGERENCIAS PARA LA ENSEÑANZA

Es posible que algunos hechos de la historia de David confundan a los alumnos. Lo importante es que sepan que Dios cumplió las promesas que le hizo a David. Dios cumplió su promesa de que David sería el próximo rey de Israel. Que sus alumnos recuerden que también hoy Dios cumple sus promesas.

COMENTARIO BÍBLICO

Lea 1 Samuel 31:1-6; 2 Samuel 2:1-17; 3:1; 5:1-5. Los filisteos atacaron a los israelitas y los derrotaron. En esa batalla murieron Jonatán y sus dos hermanos, y Saúl fue herido. Para no sufrir más dolor, Saúl se suicidó.

La tribu de Judá ungió como rey a David, pero las tribus del norte no lo aceptaron como rey. Abner, comandante del ejército de Saúl, nombró a Is-boset, hijo de Saúl, para que fuese el rey de los israelitas. Después de reinar siete años sobre Judá, David peleó contra Is-boset, el rey de Israel. Después de una batalla reñida, David venció (2:17).

Cuando murió Is-boset, las tribus del norte pidieron a David que reinara sobre ellos. Fue así como David llegó a ser rey sobre todo el pueblo de Jehová. A pesar de los numerosos problemas que enfrentó, David permaneció fiel, y Jehová cumplió todas las promesas que le había hecho.

CARACTERÍSTICAS DE DIOS

+ Dios recompensa a los que le obedecen.
+ Dios siempre cumple sus promesas.

PERSONAJES

+ **Abner** era el comandante del ejército de Saúl.
+ **Is-boset** era hijo de Saúl. Abner lo nombró rey de Israel.
+ **Joab** era el comandante del ejército de David.

LUGARES

+ **Monte de Gilboa** era una cadena de montañas situada más menos a 30 kms. (18.74 millas) al oeste del río Jordán.

- **Hebrón** era una ciudad situada al sudoeste de Jerusalén. David vivió allí por siete años y seis meses, cuando aún era rey de Judá.
- **Casa de Judá** era una de las naciones que conformaban el pueblo de Dios. Judá reconoció a David como rey, e Israel a Is-boset.

ACTIVIDAD

Antes que los alumnos lleguen a la clase, elija un espacio amplio donde puedan correr. Es preferible que realicen esta actividad afuera o en un salón muy amplio.

Que los alumnos formen una fila más o menos a 100 metros (300 pies) de distancia del lugar donde está usted. Si realizan la actividad en un salón grande, que los niños comiencen la fila cerca de una pared, y usted estará junto a la pared opuesta.

Mientras usted mire a los alumnos, ellos deben permanecer en su lugar. Cuando les dé la espalda, deberán avanzar hacia usted; sin embargo, tan pronto como usted dé vuelta y los mire de frente, ellos tienen que detenerse inmediatamente. Si ve que algún niño o niña se mueve, todos tendrán que regresar al punto de partida. Continúe dando la espalda y mirando a los niños hasta que uno de ellos le toque el brazo. Si hay tiempo, repitan el juego.

Dígales: **Durante el juego ustedes esperaban que yo diera vuelta para avanzar hacia mí. David también esperó que Dios cumpliera su promesa de que lo haría rey.**

LECCIÓN BÍBLICA

Antes de enseñar a sus alumnos, prepare la siguiente historia basada en 1 Samuel 31:1-6; 2 Samuel 2:1-17; 3:1; 5:1-5.

Los filisteos pelearon contra el pueblo de Dios y muchos murieron en el monte de Gilboa. Ma- taron a los tres hijos de Saúl: Jonatán, Abinadab y Malquisúa. Is-boset fue el único hijo que sobrevivió porque no estaba en la batalla.

La batalla contra Saúl fue cruel y los flecheros filisteos lo hirieron de muerte. Cuando Saúl vio que sus heridas eran mortales, le ordenó a su escudero que lo matara para que los filisteos no lo capturaran para torturarlo. Pero su escudero tuvo temor y no quiso matarlo. Entonces Saúl tomó su espada y se suicidó.

Cuando el escudero vio que Saúl estaba muerto, él también se suicidó. Lo hizo para mostrar que era leal a su señor el rey. Así que ese día murieron Saúl, sus tres hijos, su escudero y todos sus soldados.

Después de la muerte de Saúl, la nación de Israel no se ponía de acuerdo sobre quién debía ser el rey. David le preguntó a Jehová qué debía hacer, y Él le respondió que fuera a Hebrón, una ciudad de Judá. Entonces, los de Judá fueron a Hebrón y ungieron a David como rey sobre la casa de Judá. Pero las tribus del norte todavía no eran leales a David.

Cuando David supo que la gente de Jabes de Galaad había sepultado a Saúl, envió mensajeros para decirles: "Benditos seáis vosotros de Jehová, que habéis hecho esta misericordia con vuestro señor, con Saúl, dándole sepultura" (2 Samuel 2:5). El propósito de este saludo era mostrar la lealtad que él tenía a Saúl; además, quería ganarse la amistad de las tribus del norte para que lo reconocieran como el sucesor de Saúl.

Mientras, Abner, el general del ejército de Saúl, nombró a Is-boset como rey sobre Israel. En medio de todo esto, David constantemente buscaba la dirección de Jehová.

Is-boset tenía 40 años cuando llegó a ser rey de Israel y reinó por dos años; mientras tanto, la casa de Judá se mantuvo fiel a su rey David.

Esa división en el pueblo de Jehová causó fricción y violencia. Los hombres de Abner y de Is-boset fueron a Gabaón. Y los hombres de Joab y David salieron para encontrarse con ellos en el estanque de Gabaón. Abner y Joab acordaron que cada uno escogería 12 varones para que pelearan delante de ellos. Los 24 varones murieron y la batalla ese día fue cruenta. El ejército de David derrotó a Abner y a los hombres de Israel.

La batalla entre la casa de Saúl y la casa de David duró mucho tiempo (3:1). El ejército de David se fortalecía cada vez más, mientras que los de la casa de Saúl se debilitaban.

A pesar de eso, David nunca quiso tomar el reino del norte por la fuerza. Cuando los miembros de su ejército mataron a Abner y a Is-boset, David hizo duelo por ellos y esperó que Jehová mismo le diera el trono de Israel.

Después que murió Is-boset, todas las tribus de Israel fueron a Hebrón para ver a David y le dijeron: "Henos aquí, hueso tuyo y carne tuya somos. Eras tú quien sacabas a Israel a la guerra, y lo volvías a traer. Además Jehová te ha dicho: 'Tú apacentarás a mi pueblo Israel, y tú serás príncipe sobre Israel'" (5:1-2). Los ancianos de Israel y el rey David hicieron pacto en Hebrón delante de Jehová, y "ungieron a David por rey sobre Israel" (5:3).

David tenía 30 años cuando llegó a ser rey, y reinó en Jerusalén sobre Israel y Judá por 33 años.

Pida a los alumnos que respondan las siguientes preguntas. No hay respuestas falsas o verdaderas. El propósito es ayudar a los niños para que comprendan la historia bíblica y la apliquen a su vida.

¿Quién murió en la batalla en el monte de Gabaón? ¿Por qué se suicidó Saúl? ¿Piensan que fue sabia esa decisión?

Lea 2 Samuel 2:1. La pregunta que David hizo a Jehová, ¿qué nos dice de la relación que tenía David con Jehová? ¿Cuál es la diferencia entre las respuestas que dieron David y Saúl a Jehová?

Las tribus del norte no querían que David fuera rey sobre ellos. ¿A quién nombró Abner como rey? En su opinión, ¿por qué Abner lo nombró rey? ¿Creen que Abner hizo una buena decisión cuando nombró a Is-boset como rey?

Cuando pelearon la casa de David y la casa de Saúl, ¿quiénes ganaron la batalla? ¿Por qué ganaron?

¿Cuántos años reinó David sobre Judá? ¿Dónde vivió durante su reinado? ¿Cuántos años reinó sobre Judá e Israel? ¿Dónde vivió durante su reinado? ¿Por qué dice la Biblia que reinó en ambos lugares por 33 años?

VERSÍCULO PARA MEMORIZAR

Aprenda el versículo para memorizar. Encontrará sugerencias en la página 129.

ACTIVIDADES ADICIONALES

Elija una de las siguientes opciones para que los niños estudien la Biblia.

1. Estudie estos pasajes que describen la vida de David: 1 Samuel 13:14; 15:28; 16:11-13, 18; 17:33-40. Haga un dibujo para ilustrar cómo era David. Luego, alrededor del dibujo, escriba las características de David.

2. Jehová cumplió la promesa que le había hecho a David: que sería el rey de Israel. Lea otras promesas que Jehová cumplió en Génesis 9:8-17; 21:1-7; Éxodo 3:7-8; Jeremías 32:20-23; Hechos

13:21-37. Pregunte: **¿Cuánto tiempo esperaron algunas de esas personas para que Dios cumpliera sus promesas? ¿Cómo creen que se sintieron mientras esperaban a Dios?** Que sus alumnos elijan una de las promesas de Dios y que la escriban en una hoja de papel que usted les proveerá. Luego dígales: **Guarden esas promesas en un lugar especial.** Que les ayuden a recordar que Dios siempre cumple sus promesas.

PREGUNTAS PARA LA COMPETENCIA (NIVEL BÁSICO)

Lea 1 Samuel 31:1-6; 2 Samuel 2:1-17; 3:1; 5:1-5 para preparar a los niños y niñas para la competencia.

1 **¿Quién hirió mortalmente a Saúl? (31:3)**

1. Su escudero
2. **Los flecheros filisteos**
3. David

2 **¿Qué hicieron los hombres de Judá cuando fueron a Hebrón? (2 Samuel 2:4)**

1. Le pidieron a David que dirigiera al ejército de ellos.
2. **Allí ungieron a David como rey sobre la casa de Judá.**
3. Ungieron a David como rey sobre todo Israel.

3 **¿Por qué David envió un mensaje de bendición a los hombres de Jabes de Galaad? (2:4-5)**

1. Porque mataron a Saúl.
2. **Porque enterraron a Saúl.**
3. Porque preguntaron dónde estaba Saúl.

4 **Abner, el comandante del ejército de Saúl, ¿a quién nombró como rey sobre todo Israel? (2:8-9).**

1. **A Is-boset, hijo de Saúl.**
2. A Malquisúa, hijo de Saúl.
3. A Abinadab, hijo de Saúl.

5 **Is-boset, el hijo de Saúl, ¿por cuánto tiempo reinó sobre Israel? (2:10)**

1. Un año
2. **Dos años**
3. 40 años

6 **¿Por cuánto tiempo reinó David en Hebrón? (2:11)**

1. 40 años y siete meses
2. Dos años y siete meses
3. **Siete años y seis meses**

7 **¿Qué hicieron los ancianos de Israel después de hacer pacto con David? (5:3)**

1. **Ungieron a David como rey sobre Israel.**
2. Se fueron a Jerusalén.
3. Ofrecieron un sacrificio a Jehová.

8 **¿Cuántos años tenía David cuando llegó a ser rey? (5:4)**

1. 25 años
2. **30 años**
3. 33 años

9 **¿Cuántos años reinó David sobre Israel? (5:4)**

1. **40 años**
2. 45 años
3. 50 años

10 **Termine este versículo: "Ahora pues, Jehová Dios, tú eres Dios, y tus palabras son verdad, y tú has prometido..." (2 Samuel 7:28).**

1. **"... este bien a tu siervo".**
2. "... estas cosas terribles a tus hijos".
3. "... estar con nosotros siempre".

PREGUNTAS PARA LA COMPETENCIA (NIVEL AVANZADO)

Lea 1 Samuel 31:1-6; 2 Samuel 21:1-17; 3:1; 5:1-5 para preparar a los niños y niñas para la competencia.

1 ¿A quiénes mataron los filisteos mientras peleaban contra Saúl y sus hijos? (31:2).

1. A Jonatán
2. A Abinadab
3. A Malquisúa
4. **Todas las respuestas son correctas.**

2 ¿A quién ordenó Saúl que lo matara con su espada? (31:4)

1. Al capitán filisteo
2. Al hijo mayor de Saúl
3. **A su escudero**
4. A David

3 ¿Qué hizo el escudero cuando vio que Saúl estaba muerto? (31:5)

1. Avisó a los ancianos.
2. Se ocultó en las colinas.
3. Fue a pedir ayuda.
4. **Se echó sobre su espada y murió junto con él.**

4 ¿Quiénes murieron el mismo día cuando murió Saúl? (31:6)

1. Los tres hijos de Saúl
2. Su escudero
3. Los hombres de Saúl
4. **Todas las respuestas son correctas.**

5 ¿A quiénes llevó David después que Jehová le dijo que fuera a Hebrón? (2 Samuel 2:2-3)

1. A su esposa Ahinoam jezreelita.
2. A su esposa Abigail, la viuda de Nabal.
3. A los hombres que habían estado con él y a sus familias.

4. **Todas las respuestas son correctas.**

6 ¿Quiénes se encontraron en el estanque de Gabaón con los hombres de Is-boset? (2:12-13)

1. David e Is-boset
2. Las mujeres palestinas y las mujeres israelitas
3. **Joab y los siervos de David**
4. Todas las respuestas son correctas.

7 En la guerra entre la casa de Saúl y la casa de David, ¿quién se iba fortaleciendo más y más? (3:1)

1. La casa de Judá
2. La casa de Saúl
3. La casa de Is-boset
4. **La casa de David**

8 En Hebrón, ¿quiénes le dijeron a David: "Henos aquí, hueso tuyo y carne tuya somos"? (5:1)

1. Las tribus de Judá
2. **Las tribus de Israel**
3. Los ancianos de Hebrón
4. Los filisteos que eran esclavos

9 ¿Qué le hicieron recordar las tribus de Israel a David? (5:2)

1. "Ustedes siempre deben guardar el sábado y santificarlo".
2. **"Tú apacentarás a mi pueblo Israel, y tú serás príncipe sobre Israel".**
3. "Cuidarás a mis hijos".
4. "Tu nombre será grande en toda la tierra".

10 ¿Cuántos años reinó David en Jerusalén sobre todo Israel y Judá? (5:5)

1. 20 años
2. **33 años**
3. 40 años
4. 7 años

VERSÍCULO PARA MEMORIZAR

"Jehová es mi pastor; nada me faltará. En lugares de delicados pastos me hará descansar; junto a aguas de reposo me pastoreará. Confortará mi alma; me guiará por sendas de justicia por amor de su nombre" (Salmos 23:1-3).

VERDAD BÍBLICA

Dios nos bendice cuando somos obedientes a él.

PROPÓSITO

En esta lección los alumnos aprenderán que Dios quiere que le obedezcamos y le honremos.

SUGERENCIAS PARA LA ENSEÑANZA

A los niños les cuesta ser obedientes; por esa razón no obedecen a sus maestros, a sus padres y tampoco a Dios. Es importante que ellos aprendan a obedecer a Dios.

Los israelitas no obedecieron las instrucciones de Jehová cuando tenían que llevar el arca de Dios. Aunque fue un accidente, Uza violó el mandamiento de Jehová. Es cierto que el castigo fue severo, pero Dios quería que los israelitas recordaran que debían obedecer a Jehová y tratar el arca con respeto.

COMENTARIO BÍBLICO

Lea 2 Samuel 5:6—6:19. Jerusalén era la ciudad perfecta para ser la capital de Judá. Estaba situada en un lugar estratégico, donde era fácil defenderla del ataque de otros ejércitos. David viajó a Jerusalén y, con la ayuda de Dios, tomó el control de la ciudad. Incluso Hiram, el rey de Tiro, reconoció a David como el legítimo rey de los israelitas y le dio los materiales que necesitaba para construir la casa del rey. David se dio cuenta de que las bendiciones que había recibido de Jehová eran para el bien de los israelitas.

Por tanto, decidió llevar el arca de Jehová a Jerusalén. Los israelitas, por la forma en que trataron el arca, no dieron honra a Jehová. Prefirieron poner el arca sobre un carruaje en lugar de llevarla como Jehová había mandado (1 Crónicas 15:13-15). Cuando el arca se inclinó a un lado, Uza la sostuvo para que no se cayera, pero Uza murió al instante. Dios quiso recordarles que sus mandamientos debían ser obedecidos.

CARACTERÍSTICAS DE DIOS

- Algunas veces Dios hace cosas que no entendemos.
- Dios espera que lo respetemos y obedezcamos sus mandamientos.

PALABRAS RELACIONADAS CON NUESTRA FE

- **Una bendición** es una acción o palabras que proporcionan satisfacción, contentamiento. Jehová bendijo a David porque fue obediente a él.

PERSONAJES

- **Jebuseos** eran ciudadanos de la ciudad de Jebus, nombre antiguo de Jerusalén.

- **Abinadab** guardó el arca en su casa cuando los filisteos la devolvieron al pueblo de Israel (1 Samuel 7:1).
- **Uza y Ahío** eran hijos de Abinadab. Uza murió porque tocó el arca.
- **Obed-edom** guardó el arca en su casa por tres meses antes de que David la llevara a Jerusalén.

LUGARES

- **Jerusalén** era la ciudad de David, elegida para ser la capital de Israel.
- **Ciudad de David** es otro nombre de Jerusalén.
- **Valle de Refaim** era el valle situado entre Jerusalén y Belén.

ACTIVIDAD

Para esta actividad necesitará lo siguiente:
- Dos objetos de cualquier tamaño; por ejemplo, monedas, piedras o libros.

Forme dos equipos que tengan el mismo número de alumnos. Para esta carrera, marque la línea de partida y la línea de llegada. Entregue los objetos a cada equipo.

Luego dígales: **Comencemos el juego. El primer corredor de cada equipo pondrá el objeto en el dorso de la mano y correrá a la línea de llegada. Luego dará la vuelta y regresará a la línea de partida. Si se le cae el objeto, el corredor lo levantará y comenzará nuevamente en la línea de partida. Una vez que el corredor haya completado la carrera, pondrá el objeto en el dorso de la mano del siguiente corredor de su equipo. Así sucesivamente hasta que todos terminen la carrera.**

Permita que cada niño participe en esta actividad. Que los equipos animen a sus corredores. Cuando termine la carrera, los equipos se darán la mano felicitándose el uno al otro. ¡Cada equipo es ganador si termina la carrera!

Dígales: **Para algunos fue difícil equilibrar el objeto en el dorso de la mano. Podemos imaginar que si ese objeto hubiera sido algo muy valioso, lo habrían llevado con mucho cuidado. Los israelitas llevaban un tesoro precioso: el arca de Jehová. En esta lección aprenderemos acerca de aquel momento cuando uno de los israelitas no tuvo cuidado con el arca de Jehová.**

LECCIÓN BÍBLICA

Antes de enseñar a sus alumnos, prepare la siguiente historia basada en 2 Samuel 5:6—6:19.

El rey David estaba buscando una ciudad para que fuera la capital de su reino. Le gustaba Jerusalén y el lugar donde estaba situada, pero allí vivían los jebuseos. David se dirigió con su ejército hacia Jerusalén para ocuparla. Los jebuseos se burlaron de David porque creían que ellos y las murallas de la ciudad eran indestructibles; sin embargo, con la ayuda de Jehová, David conquistó Jerusalén y vivió en ella. La llamó la ciudad de David.

Cada día David se hacía más poderoso porque Jehová estaba con él y sabía que él lo había ungido para ser rey sobre Israel. Incluso Hiram, rey de Tiro, dio los materiales para la construcción del palacio de David.

Los filisteos escucharon que David había llegado a ser el rey sobre todo Israel y fueron en busca de él. Sabían que estaba en el valle de Refaim. David, al saber que lo estaban buscando, consultó a Jehová: "¿Iré contra los filisteos? ¿Los entregarás en mi mano?" (5:19). Jehová le respondió: "Vé, porque ciertamente entregaré a los filisteos en tu mano". Ese día David derrotó a los filisteos.

Pero ellos se reorganizaron y volvieron al valle de Refaim. David nuevamente consultó a Jehová y él le dijo: "No subas, sino rodéalos, y vendrás a ellos enfrente de las balsameras" (5:23). David hizo como Jehová le ordenó, y derrotó a los filisteos desde Geba hasta Gezer.

Luego él y todos sus hombres fueron a la casa de Abinadab para llevar el arca de Jehová a la ciudad de Jerusalén. Pusieron el arca sobre un carro nuevo. Uza y Ahío, los hijos de Abinadab, guiaban el carro. Mientras llevaban el arca, David danzaba delante de Jehová con toda clase de instrumentos (2 Samuel 6:5).

Al ver que los bueyes que halaban el carro tropezaban, Uza extendió su mano hacia el arca para sostenerla. En ese momento, la ira de Jehová se encendió contra Uza por ese acto de irreverencia, y cayó muerto junto al arca de Dios.

David se entristeció porque Jehová había herido a Uza, y con temor le preguntó a Jehová: "¿Cómo ha de venir a mí el arca de Jehová?" (6:9). Entonces el rey ya no quiso llevar el arca a la ciudad de David; y la llevó a la casa de Obed-edom, y allí permaneció el arca por tres meses.

Cuando David escuchó que Jehová había bendecido la casa de Obed-edom, con alegría llevó el arca de la casa de Obed-edom a la ciudad de Jerusalén.

Los sacerdotes pusieron el arca en una tienda y David ofreció sacrificios a Dios. Luego, bendijo al pueblo en el nombre de Jehová de los ejércitos. Y repartió a todos un pan, un pedazo de carne y una torta de pasas.

Pida a los alumnos que respondan las siguientes preguntas. No hay respuestas falsas o verdaderas. El propósito es ayudar a los niños para que comprendan la historia bíblica y la apliquen a su vida.

1. Lea 2 Samuel 5:10. ¿Cómo describe este versículo la diferencia que había entre David y Saúl en su relación con Jehová?

2. ¿Por qué murió Uza? Después de la muerte de Uza, ¿cómo respondieron los israelitas a Jehová? ¿Cómo respondió David? ¿Qué significa irreverencia? ¿Cuál fue el acto de irreverencia de Uza?

3. ¿Por qué David quiso llevar el arca de la casa de Obed-edom a su palacio? ¿Qué hizo David mientras llevaban el arca a Jerusalén?

Dígales: Los israelitas recibieron muchas bendiciones de parte de Dios. Tenían a Jerusalén, la ciudad capital, y un nuevo palacio para el rey. El deseo de David era llevar el arca a Jerusalén porque era símbolo de la presencia de Jehová en medio de su pueblo. Lamentablemente, los israelitas no obedecieron los mandamientos de Dios respecto al arca, y de esa manera no honraron a Jehová. Él quiere que le obedezcamos y le honremos todo el tiempo.

VERSÍCULO PARA MEMORIZAR

Aprenda el versículo para memorizar. Encontrará sugerencias en la página 129.

ACTIVIDADES ADICIONALES

Elija una de las siguientes opciones para que los niños estudien la Biblia.

1. Para las siguientes tres lecciones, el versículo para memorizar será del salmo 23. Provea a los alumnos una cartulina y marcadores. Anímelos para que ilustren el salmo 23 usando dibujos en vez de palabras.

2. David capturó Jerusalén y la llamó la ciudad de David. En un diccionario bíblico, enciclopedia

o en internet, consulte cuál es la población, la extensión territorial, los tipos de trabajo y el costo de arriendo de una casa común en Jerusalén. Compare lo que era esa ciudad en los tiempos de David y lo que es hoy.

PREGUNTAS PARA LA COMPETENCIA (NIVEL BÁSICO)

Lea 2 Samuel 5:6-6:19 para preparar a los niños y niñas para la competencia.

1 **¿Cómo sorprendió David a los jebuseos? (5:6-7)**

1. Los privó de comida y agua.
2. **Capturó la fortaleza de Sión.**
3. Los dejó libres.

2 **¿Qué dejaron los filisteos en Baal-perazim? (5:20)**

1. Comida y agua
2. Sus pertenencias
3. **Sus ídolos**

3 **David preguntó a Jehová por segunda vez si debía ir a la guerra contra los filisteos. ¿Cuál fue la respuesta de Jehová? (5:23)**

1. "Huye hacia la fortaleza y escóndete".
2. **"Rodéalos, y vendrás a ellos enfrente de las balsameras".**
3. "Envía espías a su campamento y después atácalos".

4 **¿Dónde pusieron los israelitas el arca de Jehová cuando la trajeron de Baala? (6:3)**

1. **Sobre un carro nuevo**
2. En una carpa
3. En el palacio

5 **¿Quién extendió su mano al arca de Dios y la sostuvo? (6:6)**

1. Ahío
2. Abinadab
3. **Uza**

6 **¿Qué le pasó a Uza después que tocó el arca? (6:6-7)**

1. Lo sacó de Israel.
2. **Dios lo hirió y cayó muerto.**
3. No le pasó nada.

7 **¿Cuánto tiempo estuvo el arca en la casa de Obed-edom? (6:11)**

1. **Tres meses**
2. Dos años
3. Un mes

8 **¿Qué hizo David con el arca cuando escuchó que Jehová bendijo la casa de Obed-edom? (6:12)**

1. La dejó en la casa de Obed-edom.
2. **Llevó con alegría el arca de Dios a la ciudad de David.**
3. La llevó al monte de Sinaí.

9 **¿Qué hizo el pueblo cuando conducían el arca de Jehová hacia Jerusalén? (6:15)**

1. **Llevó el arca con júbilo y sonido de trompeta.**
2. Gritó.
3. Hizo sonar tinajas.

10 **¿Qué hizo David cuando pusieron el arca en medio de una tienda? (6:17-18)**

1. Sacrificó holocaustos y ofrendas de paz.
2. Bendijo al pueblo en el nombre de Jehová.
3. **Ambas respuestas son correctas.**

PREGUNTAS PARA LA COMPETENCIA (NIVEL AVANZADO)

Lea 2 Samuel 5:6-6:19 para preparar a los niños y niñas para la competencia.

1 ¿Qué dijeron los jebuseos cuando supieron que David y sus hombres marchaban hacia Jerusalén? (5:6)

1. "Esperamos que no entres".
2. **"Aun los ciegos y los cojos te echarán" (5:6)**
3. "Jehová no quiere que nos ataques".
4. Todas las respuestas son correctas.

2 ¿Qué hizo David después de capturar la fortaleza de Sión? (5:7, 9)

1. Moró en la fortaleza.
2. Le puso el nombre de la ciudad de David.
3. Edificó alrededor desde Milo hacia adentro.
4. **Todas las respuestas son correctas.**

3 ¿Por qué David iba engrandeciéndose? (5:10)

1. **Jehová Dios estaba con él.**
2. El practicaba cómo pelear con espada.
3. El tenía un ejército numeroso.
4. Logró que todos le temieran.

4 ¿Qué dijeron los filisteos cuando supieron que David llegó a ser rey de Israel? (5:17)

1. Escaparon a Filistea.
2. Se escondieron en las montañas de Moab.
3. **Salieron para buscarlo.**
4. Los filisteos fueron a Jerusalén para hacer un pacto con él.

5 ¿Cuál fue la respuesta de Dios cuando David le preguntó la primera vez si atacaba a los filisteos? (5:19)

1. "No vayas".
2. "Ataca a los filisteos mañana".
3. "Espera una semana, luego ataca a los filisteos.
4. **"Ve, porque ciertamente entregaré a los filisteos en tu mano".**

6 ¿Por qué David reunió a 30,000 escogidos de Israel? (6:1-2)

1. Para pelear contra los filisteos.
2. Para llevar el arca al monte Sinaí.
3. **Para llevar el arca de la casa de Abinadab.**
4. Para construir el templo.

7 ¿Quiénes guiaban el carro con el arca? (6:3)

1. Natán y Salomón
2. **Uza y Ahío**
3. Ofni y Fineas
4. Abinadab y Obed-edom

8 ¿Qué dijo David después que murió Uza? (6:9)

1. "Por qué hizo el Señor esto".
2. "Uza pecó, merecía morir".
3. **"¿Cómo ha de venir a mí el arca de Jehová?"**
4. "Estoy contento porque el Señor no me ha matado".

9 ¿Por qué quiso David llevar el arca de la casa de Obed-edom a la ciudad de David? (6:12)

1. **Vio cómo Dios bendijo la casa de Obed-edom.**
2. Quería llevar el arca al campo de batalla.
3. Quería la protección de Jehová.
4. Todas las respuestas son correctas.

10 Termine el versículo: "Jehová es mi pastor; nada me faltará. En lugares de delicados pastos me hará descansar; junto a aguas de reposo me pastoreará. Confortará mi alma..." (Salmos 23:1-3)

1. "... para protegerme de todo mal".
2. "... a donde yo vaya".
3. **"... me guiará por sendas de justicia por amor de su nombre".**
4. "... a través de la tierra que me ha prometido".

VERDAD BÍBLICA

Dios es fiel a su pueblo.

PROPÓSITO

Dios nos bendice cuando le honramos. Él merece nuestra alabanza y gratitud por su bondad y fidelidad.

SUGERENCIAS PARA LA ENSEÑANZA

Es cierto que a veces las guerras fueron necesarias, pero Dios desea la paz. Dios quería tener un rey pacificador para que construyera su templo. Si desea conocer más detalles, lea 1 Crónicas 22:7-10.

COMENTARIO BÍBLICO

Lea 2 Samuel 7:1-29. David pensaba que el arca de Jehová debía estar en un templo, no en una carpa. El arca era el trono de Jehová y él era el rey supremo de los israelitas. David quería que Jehová recibiera mayor honra de parte del pueblo.

Siendo Israel un reino establecido, David quería guiar a los israelitas de manera que fuera fiel al pacto que había hecho con Jehová. Un templo permanente para el arca de Jehová sería, de parte de David, una señal a los israelitas de la presencia permanente de Jehová en medio de su pueblo.

Dios estaba satisfecho con la honra que David le daba. Sin embargo, no le permitió construir el templo, porque su plan era darle a David un hijo, Salomón, para que éste construyera el templo.

Dios le prometió a David que su amor nunca se apartaría de él y su descendencia. El reino que iba a establecer por medio de David sería eterno.

CARACTERÍSTICAS DE DIOS

+ Dios es fiel y cumple sus promesas.
+ Dios merece nuestra alabanza y gratitud por su bondad y fidelidad.

PERSONAJES

+ **Natán** era profeta; por medio de él, David recibió muchos mensajes de Dios.

OBJETOS

+ **Casa de cedro** era la casa que Hiram, el rey de Tiro, construyó para David. El árbol de cedro tiene una altura de 30 metros (98 pies). El cedro era ideal para proyectos especiales porque su madera no se pudría.

+ **Tienda** era el tabernáculo que los israelitas construyeron después que salieron de Egipto. Allí estaba el arca de Jehová.

ACTIVIDAD

El nombre del juego es "Profesor, ¿me da permiso?" Que sus alumnos hagan una fila detrás de la línea de partida. El propósito del juego es llegar a la meta que está al otro lado del salón. Para hacerlo, los alumnos deben recordar que tan pronto como el maestro termine de dar la orden, ellos deben pedirle permiso.

Por ejemplo, la orden que el maestro dará al primer niño o niña en la fila será: "Da dos pasos grandes". Antes que el alumno cumpla la orden, debe decir: "Profesor, ¿me da permiso?" Cuando el profesor le responda: "Sí, tienes permiso", el niño cumplirá la orden que se le dio. Si el niño cumple la orden sin antes decir: "Profesor, ¿me da permiso?", debe regresar a la línea de partida.

Continúe el juego dando diferentes órdenes, hasta que el último niño de la fila llegue a la meta. Si hay tiempo, jueguen hasta que todos los niños y niñas participen y lleguen a la meta.

Dígales: **Ustedes pusieron atención a las órdenes y me pidieron permiso para cumplirlas. En la lección de hoy, aprenderemos que David quería construir algo para Jehová, y veremos si le dio permiso para hacerlo.**

LECCIÓN BÍBLICA

Antes de enseñar a sus alumnos, prepare la siguiente historia basada en 2 Samuel 7:1-29.

Cuando el rey vivía ya en su casa, después que Jehová le había dado reposo de todos sus enemigos, David le dijo a Natán, el profeta: "Mira ahora, yo habito en casa de cedro, y el arca de Dios está entre cortinas" (7:2).

Natán le dijo: "Anda, y haz todo lo que está en tu corazón, porque Jehová está contigo" (7:3). El profeta le dijo eso sin antes consultar a Jehová.

Esa noche vino palabra de Jehová a Natán: "Vé y di a mi siervo David: Así ha dicho Jehová: ¿Tú me has de edificar casa en que yo more? Ciertamente no he habitado en casas desde el día en que saqué a los hijos de Israel de Egipto hasta hoy, sino que he andado en tienda y en tabernáculo. Y en todo cuanto he andado con todos los hijos de Israel, ¿he hablado yo palabra a alguna de las tribus de Israel, a quien haya mandado apacentar a mi pueblo de Israel, diciendo: ¿Por qué no me habéis edificado casa de cedro?" (7:6-7).

Y Jehová le dio a Natán este mensaje para David: "He estado contigo en todo cuanto has andado, y delante de ti he destruido a todos tus enemigos, y te he dado nombre grande, como el nombre de los grandes que hay en la tierra. Además, yo fijaré lugar a mi pueblo Israel y lo plantaré, para que habite en su lugar y nunca más sea removido, ni los inicuos le aflijan más, como al principio, desde el día en que puse jueces sobre mi pueblo Israel; y a ti te daré descanso de todos tus enemigos" (7:9-11).

Jehová también le prometió que le daría casa a David y un heredero: "Y cuando tus días sean cumplidos, y duermas con tus padres, yo levantaré después de ti a uno de tu linaje, el cual procederá de tus entrañas, y afirmaré su reino" (7:12). De acuerdo a la voluntad de Dios, David no construiría un templo para él, sino que Jehová construiría un reino para David.

Jehová le prometió a David que su hijo sería el que construiría el lugar donde debía estar el arca de Jehová. Y Dios añadió esta promesa en relación al hijo de David: "Yo le seré a él padre, y él me será a mí hijo. Mi misericordia no se apartará de él como la aparté de Saúl. Y será afirmada tu casa y tu reino para siempre delante de tu rostro, y tu trono será estable eternamente" (7:14-16). El compromiso que hizo Jehová con David y su descendencia fue incondicional. Dios amaba a David y a su descendencia a pesar de sus acciones. Sin embargo, Jehová le hizo recordar a David que sus acciones tendrían consecuencias. Si ellos decidían desobedecer, sufrirían las consecuencias.

Natán le dijo a David todo lo que Jehová le había mandado hablar.

David le dijo a Jehová: "¿Quién soy yo, y qué es mi casa, para que tú me hayas traído hasta aquí? También has hablado de la casa de tu siervo en lo por venir. ¿Es así como procede el hombre, Señor Jehová?" (7:18-19).

"Tú te has engrandecido, Jehová Dios; por cuanto no hay como tú, ni hay Dios fuera de ti. ¿Y quién como tu pueblo, como Israel, nación singular en la tierra? Porque fue Dios para rescatarlo por pueblo suyo" (7:22-23).

"Porque tú estableciste a tu pueblo Israel por pueblo tuyo para siempre; y tú, oh Jehová, fuiste a ellos por Dios. Confirma para siempre la palabra que has hablado sobre tu siervo y sobre su casa, y haz conforme a lo que has dicho" (7:24-25).

"Jehová Dios, tú eres Dios, y tus palabras son verdad, y tú has prometido este bien a tu siervo. Y con tu bendición será bendita la casa de tu siervo para siempre" (7:28-29).

Pida a los alumnos que respondan las siguientes preguntas. No hay respuestas falsas o verdaderas. El propósito es ayudar a los niños para que comprendan la historia bíblica y la apliquen a su vida.

1. ¿Por qué Dios no les pidió a los israelitas que le construyeran un templo?

2. ¿Qué hizo Jehová por David? ¿Por qué creen que Jehová menciona las cosas que hizo por David?

3. En su opinión, ¿por qué le importó tanto a David que Jehová iba a bendecir a sus descendientes? ¿Qué sintió David cuando Jehová le dijo cuál sería el futuro de su descendencia?

4. David hizo cosas grandes porque Jehová estaba con él. ¿Hay algo en la vida de usted o de sus alumnos en que Dios les ayudó a tener éxito?

5. ¿En qué forma Jehová cumplió su promesa de poner a uno de los descendientes de David en el trono para siempre?

Dígales: ¿Hicieron algo bueno para mostrarle a una persona su cariño y amor? Eso es lo que David quería hacer para Jehová porque había recibido muchas bendiciones de él. David quería que Jehová recibiera honor y gloria de parte de todos. Quería construir un templo para Jehová, pero el Señor tenía otros planes; sin embargo, se sintió honrado por la actitud de David.

No es necesario hacer grandes cosas para agradar a Dios. Lo honramos cuando le amamos y le damos honor y gloria.

VERSÍCULO PARA MEMORIZAR

Aprenda el versículo para memorizar. Encontrará sugerencias en la página 129.

ACTIVIDADES ADICIONALES

Elija una de las siguientes opciones para que los niños estudien la Biblia.

1. Jehová le dijo a Natán que no había vivido en una casa desde el día en que liberó a los israelitas de la esclavitud egipcia. Lea en Éxodo 25:1—26:37 acerca del arca del testimonio, la mesa para el pan de la proposición, el candelero de oro y el tabernáculo. Pida a sus alumnos que dibujen uno o dos de los objetos mencionados.

2. Jehová dijo que engrandecería el nombre de David. Vean en el Nuevo Testamento cuántas veces encuentran el nombre de David. Aquí tenemos algunos ejemplos: Mateo 1:1-20; Lucas 1:32; 2:4-11; 3:31. ¿Por qué razón se menciona el nombre de David en el Nuevo Testamento? ¿Qué nos dice respecto a la promesa de Dios a David?

PREGUNTAS PARA LA COMPETENCIA (NIVEL BÁSICO)

Lea 2 Samuel 7:1-29 para preparar a los niños y niñas para la competencia.

1 **Después que el rey David se estableció en su casa, ¿qué le dijo a Natán? (7:1-2)**

1. "Traigan a mi palacio el arca de Jehová".
2. **"Yo habito en casa de cedro, y el arca de Dios está entre cortinas".**
3. Ambas respuestas son correctas.

2 **¿De dónde tomó Dios a David para que fuera rey de Israel? (7:8)**

1. Del palacio
2. **Del redil**
3. Del templo

3 **¿Qué es lo que Jehová haría a David" (7:9)**

1. **Haría grande el nombre de David.**
2. Le daría riquezas a David.
3. Ambas respuestas son correctas.

4 **¿Qué le daría Jehová a David? (7:11)**

1. Un templo
2. Una ciudad de siervos
3. **Una casa**

5 **Según lo que dijo Jehová, ¿quién construiría su casa? (7:12-13)**

1. David
2. **El heredero de David**
3. El hijo de Jonatán

6 **De acuerdo a Jehová, ¿qué era lo que nunca se apartaría del heredero de David? (7:15)**

1. La riqueza
2. El poder
3. **La misericordia de Dios**

7 **¿Cómo reaccionó el rey David cuando Natán le dio el mensaje de Jehová? (7:18)**

1. **Entró el rey David y se puso delante de Jehová.**
2. Salió del palacio y se fue al redil.
3. Escapó a Filistea.

8 **¿Cómo describió David la grandeza de Jehová? (7:22)**

1. "Tú te has engrandecido, Jehová Dios".
2. "No hay como tú, ni hay Dios fuera de ti".
3. **Ambas respuestas son correctas.**

9 **De acuerdo con David, ¿qué hizo Dios por Israel? (7:23-24)**

1. Fue Dios para rescatarlo por pueblo suyo.
2. Estableció a Israel por pueblo suyo para siempre.
3. **Ambas respuestas son correctas.**

10 Termine el siguiente versículo: "Aunque ande en valle de sombra de muerte, no temeré mal alguno, porque tú estarás conmigo; tu vara..." (Salmo 23:4).

1. "... y tu mano me protegerán".

2. "... y tu cayado me infundirán aliento".

3. "... me hace recordar tu poder".

PREGUNTAS PARA LA COMPETENCIA (NIVEL AVANZADO)

Lea 2 Samuel 7:1-29 para preparar a los niños y niñas para la competencia.

1 Cuando David le habló a Natán acerca del arca de Jehová, ¿cuál fue la respuesta de Natán a David? (7:3)

1. "Haz todo lo que está en tu corazón".

2. "No te preocupes por el arca de Jehová".

3. "Lleva el arca a la casa de Abinadab".

4. "Respeta siempre el arca de Jehová".

2 ¿Dónde habitaba Jehová desde que liberó a los israelitas de Egipto? (7:5-6)

1. En un palacio

2. En Canaán

3. En una casa

4. En una tienda o carpa

3 ¿Qué hizo Jehová por David? (7:8-9)

1. Estuvo con David en todo cuanto él había andado.

2. Lo tomó del redil.

3. Destruyó a todos los enemigos de David.

4. Todas las respuestas son correctas.

4 ¿Qué le proveería Jehová a su pueblo? (7:10)

1. Comida y agua

2. Un lugar para que habitara y nunca más fuera removido.

3. Riqueza y poder

4. Tierra

5 De acuerdo a Jehová, ¿quiénes nunca más afligirían a los israelitas? (7:10)

1. Los hijos de Saúl

2. Otros reyes

3. Los inicuos

4. Los hijos de David

6 ¿A quién levantaría Jehová para que siguiera a David? (7:11-12)

1. A los herederos de David

2. A los nietos de Saúl

3. A los hijos de Jonatán

4. A los sobrinos de David

7 ¿Qué haría Jehová con el heredero de David si se portaba mal? (7:14)

1. El amor de Dios se alejaría de ellos.

2. Lo castigaría con vara de hombres.

3. No permitiría que fuese rey.

4. Todas las respuestas son correctas.

8 ¿Qué es lo que permanecería para siempre delante de Dios? (7:16)

1. La casa de David y su reino

2. El templo

3. Israel

4. El tabernáculo

9 Después que Natán dio a David el mensaje de Dios, ¿cuál fue la pregunta de David a Jehová? (7:18-19)

1. "Señor, ¿por qué no permites que construya casa para ti?"

2. "Señor, ¿por cuánto tiempo seré rey?"

3. "¿Por qué le hablaste a Natán y no a mí?"

4. **"¿Quién soy yo, y qué es mi casa, para que tú me hayas traído hasta aquí?"**

10 ¿Qué le pidió David a Jehová? (7:25)

1. Oró por Israel.

2. **Que confirmara para siempre la palabra que le había hablado.**

3. Comida para todo Israel

4. El arca del pacto

VERSÍCULO PARA MEMORIZAR

"Aderezas mesa delante de mí en presencia de mis angustiadores; unges mi cabeza con aceite; mi copa está rebosando. Ciertamente el bien y la misericordia me seguirán todos los días de mi vida, y en la casa de Jehová moraré por largos días" (Salmos 23:5-6).

VERDAD BÍBLICA

Dios cumple sus promesas y desea que su pueblo también cumpla las promesas que hace a Dios.

PROPÓSITO

En esta lección los alumnos comprenderán cuán importante es cumplir las promesas que hacemos. Dios espera que nosotros cumplamos lo que prometemos.

SUGERENCIAS PARA LA ENSEÑANZA

Una promesa es la muestra de la voluntad de dar algo a alguien o de hacer algo por esa persona. Lamentablemente muchos niños y niñas han visto que los adultos no cumplen sus promesas. Cuando eso pasa, el niño o niña se siente engañado o engañada y eso causa frustración. Si los niños ven continuamente que los adultos no cumplen sus promesas, también dudan que Dios cumpla sus promesas.

Sea un ejemplo para sus alumnos. Muéstreles qué significa hacer una promesa y cumplirla. En la lección verán que David recordó la promesa hecha a Jonatán y la cumplió. Que los niños sepan que Dios siempre cumple sus promesas.

COMENTARIO BÍBLICO

Lea 2 Samuel 9:1-13. Aunque los israelitas no fueron fieles a Dios, él fue fiel al pacto que hizo con ellos. Constantemente Dios cumple sus promesas.

David se enfrentó a Saúl para tener el control de las tribus israelitas. Él pudo haber eliminado a todos los miembros de la familia de Saúl, pero no lo hizo por su pacto de lealtad con Jonatán, y lo cumplió cuando tomó bajo su cuidado a Mefiboset, hijo de Saúl. David se arriesgó al permitir que un miembro de la familia de Saúl viviera en el palacio del rey.

Las acciones de David hacia Mefiboset mostraron que estaba dispuesto a honrar a Jehová, porque era un hombre conforme al corazón de Dios. David cumplió la promesa que le había hecho a Jonatán.

CARACTERÍSTICAS DE DIOS

- Dios cuida de todas las personas y quiere que también nosotros cuidemos de ellas.
- Dios cumple sus promesas y desea que nosotros también cumplamos nuestras promesas.

PERSONAJES

- **Jonatán** era el hijo mayor de Saúl.
- **Siba** era un siervo de la casa de Saúl.
- **Mefiboset** era el hijo de Jonatán, nieto de Saúl.

FRASES

- **Perro muerto** era una frase común en los tiempos bíblicos. Significaba la peor humillación e insulto que una persona recibía.

ACTIVIDAD

Pida a sus alumnos que se formen en grupos de tres. Para esta actividad muéstreles dónde están la línea de partida y la meta. En cada grupo dos niños harán el papel de personal de primeros auxilios, y el tercero hará el papel del paciente herido.

Lea y familiarícese con las instrucciones para que las enseñe a sus alumnos.

Que los del personal de primeros auxilios se pongan uno frente al otro; que extiendan sus brazos hacia adelante, sujetándose cada uno del otro para formar las veces de una silla o camilla, de tal manera que el paciente herido pueda sentarse sobre los brazos de ellos.

Dígales: **Cuando les diga que comiencen, cada equipo formará con sus brazos una silla o camilla y llevará en ella al paciente herido hasta la meta. Tan pronto como lleguen allá, voltearán para regresar a la línea de partida. Si dejan caer al paciente, o si la silla o camilla se "rompe", tendrán que comenzar nuevamente en la línea de partida.**

Continúe con esta actividad cuantas veces pueda hasta que cada niño tenga la oportunidad de ser el paciente herido.

Dígales: **Fue divertido hacer el papel del personal de primeros auxilios o del paciente herido. Cuando alguien está herido, estamos dispuestos para ayudarlo. En la lección de hoy, aprenderemos acerca de alguien que necesitaba ayuda y de otra persona que sin duda arriesgó su vida y carrera para ayudarlo.**

LECCIÓN BÍBLICA

Antes de enseñar a sus alumnos, prepare la siguiente historia basada en 2 Samuel 9:1-13.

David preguntó: "¿Ha quedado alguno de la casa de Saúl, a quien haga yo misericordia por amor de Jonatán?" (9:1).

Había un siervo de la casa de Saúl, llamado Siba. David pidió que Siba fuera ante él para preguntarle si conocía a alguien que hubiera quedado de la casa de Saúl.

La respuesta de Siba fue la siguiente: "Aún ha quedado un hijo de Jonatán, lisiado de los pies". Al escuchar esa noticia, David envió a buscar al hijo de Jonatán.

Cuando Mefiboset, el hijo de Jonatán, vino ante David, se postró sobre su rostro e hizo reverencia al rey. Entonces David le dijo a Mefiboset que no tuviera miedo, porque él haría misericordia con él por amor a Jonatán, su padre. También le prometió que le devolvería todas las tierras de Saúl, su abuelo, y que por el resto de su vida comería en la mesa del rey.

Mefiboset se inclinó ante el rey y le preguntó: "¿Quién es tu siervo, para que mires a un perro muerto como yo?" (9:8).

Luego David llamó a Siba y le dijo: "Todo lo que fue de Saúl y de toda su casa, yo lo he dado al hijo de tu Señor. Tú, pues, le labrarás las tierras, tú con tus hijos y tus siervos, y almacenarás los frutos, para que el hijo de tu señor tenga pan para comer" (9:9-10).

Siba le dijo a David: "Conforme a todo lo que ha mandado mi señor el rey a su siervo, así lo hará tu siervo" (9:11).

Entonces Mefiboset y Micaía, su hijo pequeño, fueron a Jerusalén. Siba tenía 15 hijos y 20 siervos.

Es así que desde entonces Mefiboset comía siempre a la mesa del rey (9:13).

Pida a los alumnos que respondan las siguientes preguntas. No hay respuestas falsas o verdaderas. El propósito es ayudar a los niños para que comprendan la historia bíblica y la apliquen a su vida.

1. Lea 1 Samuel 20:14-15, 42. ¿Por qué David quería ayudar al hijo de Jonatán?

2. Si ustedes fueran Mefiboset, ¿cómo se habrían sentido si los hubieran invitado para estar ante el rey? ¿Por qué Mefiboset estaba nervioso?

3. ¿Por qué Mefiboset se sorprendió por la ayuda que David le ofreció?

4. ¿Qué es lo que David prometió hacer a favor de Mefiboset?

Pregúnteles: ¿Alguna vez hicieron una promesa? No siempre es fácil cumplir las promesas. Hace mucho tiempo, David y Jonatán hicieron un pacto de amistad. David cumplió su promesa cuando tomó bajo su cuidado a Mefiboset.

David hizo la decisión correcta cuando cumplió su promesa. Dios cumple sus promesas y espera que también nosotros cumplamos las promesas que hacemos.

VERSÍCULO PARA MEMORIZAR

Aprenda el versículo para memorizar. Encontrará sugerencias en la página 129.

ACTIVIDADES ADICIONALES

Elija una de las siguientes opciones para que los niños estudien la Biblia.

1. ¿Generalmente cuál era el trato que daba un rey a los descendientes de su antecesor? ¿En qué sentido el trato que dio David a Mefiboset fue diferente?

2. Hoy aprendimos de la misericordia de David hacia el hijo de Jonatán. ¿En qué forma podemos ayudar a las personas necesitadas que conocemos? Elija una o dos ideas prácticas para que los niños puedan ponerlas en práctica. Ayúdelos a elaborar un plan de ayuda para que lo pongan en acción.

PREGUNTAS PARA LA COMPETENCIA (NIVEL BÁSICO)

Lea 2 Samuel 9:1-13 para preparar a los niños y niñas para la competencia.

1 ¿Quién dijo: "¿Ha quedado alguno de la casa de Saúl, a quien haga yo misericordia por amor de Jonatán?" (9:1)

1. Saúl
2. Siba
3. **David**

2 ¿Quién fue el siervo de la familia de Saúl? (9:2)

1. **Siba**
2. Micaía
3. Mefiboset

3 ¿Qué le preguntó David a Siba? (9:3)

1. "¿Cuántos siervos e hijos tienes?"
2. **"¿Ha quedado alguno de la casa de Saúl, a quien haga yo misericordia por amor de Jonatán?"**
3. "¿Hace cuánto tiempo son siervos de Saúl?"

4 ¿Cómo describió Siba al hijo de Jonatán?" (9:3)

1. "Es un buen trabajador".
2. "Es muy malo con sus siervos".
3. **"Es lisiado de los pies".**

5 ¿Cuál era el nombre del hijo de Jonatán? (9:6)

1. Mefiboset

2. Ofni

3. Elías

6 ¿Quién era el padre de Mefiboset? (9:6)

1. Siba

2. Jonatán

3. Saúl

7 ¿Quién dijo: "¿Quién es tu siervo, para que mires a un perro muerto como yo?" (9:8)

1. Siba

2. Micaía

3. Mefiboset

8 ¿Cuántos hijos y siervos tenía Siba? (9:10)

1. 10 hijos y 15 siervos

2. 15 hijos y 20 siervos

3. 20 hijos y 15 siervos

9 ¿Quién era el hijo de Mefiboset? (9:12)

1. Micaía

2. Jonatán

3. Siba

10 ¿Por qué Mefiboset vivía en Jerusalén? (9:13)

1. Su familia vivía allí.

2. Comía siempre a la mesa del rey.

3. Fue criado allí.

PREGUNTAS PARA LA COMPETENCIA (NIVEL AVANZADO)

Lea 2 Samuel 9:1-13 para preparar a los niños y niñas para la competencia.

1 ¿Qué quería mostrar David a alguien de la casa de Saúl? (9:1)

1. Misericordia

2. Odio

3. Celos

4. Resentimiento

2 ¿Por qué David deseaba mostrar misericordia a alguien de la casa de Saúl? (9:1)

1. Para que el pueblo aceptara a David.

2. Para que el pueblo aceptara a Saúl.

3. Por causa de Saúl.

4. Por causa de Jonatán.

3 ¿Cuál fue la respuesta de Siba cuando David le preguntó si había alguien de la casa de Saúl? (9:3)

1. "Aún ha quedado un hijo de Jonatán".

2. "Aún ha quedado un hijo de Saúl".

3. "Están vivos los nietos de Saúl".

4. "No hay ninguno que viva de la casa de Saúl".

4 ¿Dónde estaba Mefiboset la primera vez que David preguntó por él? (9:4)

1. En la casa de Abinadab en Betel

2. En la casa de Maquir en Lodebar

3. En la casa de Obed-edom en Jerusalén

4. En la casa de Saúl en Gabaa

5 ¿Qué hizo Mefiboset cuando vino por primera vez ante David? (9:6)

1. Se sentó a la mesa de David para comer.

2. Se postró sobre su rostro e hizo reverencia.

3. Tocó el arpa para David.

4. Todas las respuestas son correctas.

6 ¿Cuáles son las promesas que David hizo a Mefiboset? (9:7)

1. Mostraría misericordia por amor a Jonatán.

2. Le devolvería todas las tierras de Saúl.

3. Comería siempre a la mesa del rey.

4. **Todas las respuestas son correctas.**

7 ¿Qué es lo que David le dijo a Siba que hiciera a favor de Mefiboset? (9:9-10)

1. **"Labrarás las tierras para que el hijo de tu señor tenga pan para comer".**

2. "Deja que viva en tu casa".

3. "Tienes que darle dinero cada mes".

4. Todas las respuestas son correctas.

8 ¿Qué dijo Siba cuando David le pidió que labrara las tierras de Mefiboset? (9:11)

1. "Será mucho trabajo. No podemos hacerlo".

2. "Contrataré siervos para que hagan el trabajo".

3. **"Conforme a todo lo que ha mandado mi señor el rey a su siervo, así lo hará tu siervo".**

4. "Podré hacerlo sólo por tres años".

9 ¿Quiénes eran los siervos de Mefiboset? (9:12)

1. Sólo Siba

2. Micaía y sus hijos

3. David y sus siervos

4. **Todos los miembros de la casa de Siba**

10 Termine el versículo: "Aderezas mesa delante de mí en presencia de mis angustiadores; unges mi cabeza con aceite; mi copa está rebosando. Ciertamente el bien y la misericordia..." (Salmos 23:5-6).

1. **"... me seguirán todos los días de mi vida, y en la casa de Jehová moraré por largos días".**

2. "... me seguirán toda mi vida y estaré con mi Señor por mucho tiempo".

3. "... vendrán del Señor, y seguiré sus caminos todos los días de mi vida".

4. "... me seguirán toda mi vida y buscaré en su casa la palabra del Señor".

VERSÍCULO PARA MEMORIZAR

"Crea en mí, oh Dios, un corazón limpio, y renueva un espíritu recto dentro de mí" (Salmos 51:10).

VERDAD BÍBLICA

Dios castiga el pecado, pero perdona y restaura a los que se arrepienten.

PROPÓSITO

Dios no nos protege de las consecuencias de nuestros pecados, pero nos perdona cuando nos arrepentimos.

SUGERENCIAS PARA LA ENSEÑANZA

Que los padres de sus alumnos sepan que la lección de hoy es acerca de David y Betsabé. Invítelos para que participen con sus hijos en la lección de hoy.

Si los alumnos tienen preguntas sobre el tema del adulterio o el embarazo de Betsabé, que las respuestas sean breves y claras. Si tienen más preguntas en relación al tema, anímelos para que se las planteen a sus padres.

COMENTARIO BÍBLICO

Lea 2 Samuel 11:1-17, 26-27; 12:1-10, 13-25. Era común en ese tiempo que los ejércitos en batalla tuvieran un descanso durante el invierno. Cuando llegaba la primavera, los ejércitos continuaban la batalla. También era común que los reyes fueran al frente de sus ejércitos a la batalla. Sin embargo, esta vez David envió a sus soldados, y él no fue con ellos para dirigirlos.

Lamentablemente David tomó decisiones que no honraron a Dios. Cayó en tentación, cometió adulterio y asesinato. Por eso Dios envió al profeta Natán para que lo confrontara en relación a las decisiones que hizo.

Cuando Natán confrontó a David por el pecado que había cometido, éste se arrepintió y Dios lo perdonó. Sin embargo, tuvo que sufrir las consecuencias de ese pecado, y sus descendientes sintieron los efectos del castigo. Natán le dijo a David que su hijo primogénito con Betsabé moriría.

La muerte de este hijo fue un ejemplo para los israelitas, ya que también los reyes tenían que dar cuenta por sus acciones a Dios. Por medio del ayuno y la oración, David mostró su arrepentimiento sincero. Sabía que el juicio de Dios era misericordioso y justo. Dios les dio a David y a Betsabé otro hijo, a quien le dieron el nombre de Salomón. Luego, Dios envió palabra por medio de Natán diciendo que ese niño también llevaría el nombre de Jedidías, que significa "amado de Dios". Puesto que David se arrepintió, Dios le mostró su misericordia y restauró su relación con él.

CARACTERÍSTICAS DE DIOS

+ Dios no nos protege de las consecuencias de nuestros pecados.
+ Dios nos perdona cuando nos arrepentimos.

PALABRAS RELACIONADAS CON NUESTRA FE

+ **Arrepentimiento** es dejar el pecado y volver a Dios. Significa que el que se arrepiente pide perdón por sus pecados y decide vivir para Dios.

PERSONAJES

+ **Betsabé** era la esposa de Urías.
+ **Urías el heteo** era el esposo de Betsabé.
+ **Salomón** era el segundo hijo de David y Betsabé. Llegó a ser rey de Israel.
+ **Jedidías** era el nombre que Dios le dio a Salomón. Significa "amado de Dios".

ACTIVIDAD

Para esta actividad, necesitará lo siguiente:

+ Dos recipientes con tapa
+ Un poco de barro
+ Jabón
+ Una toalla mojada

Antes que los alumnos lleguen a la clase, llene uno de los recipientes con agua limpia. Luego llene el segundo recipiente con barro y úntelo con barro.

Coloque los recipientes, el jabón y la toalla sobre una mesa. Dígales: **Quiero que el recipiente sucio esté limpio como el recipiente con agua.** Permita que uno de los voluntarios trate de lavar con jabón el recipiente sucio y lo seque con la toalla. Pregúnteles: **¿Está limpio el recipiente?** Abra la tapa y muestre a la clase el interior del recipiente. Dígales: **Limpiamos la parte exterior del recipiente, pero el interior todavía está sucio.**

Explíqueles: Hemos nacido en este mundo lleno de pecado y todos pecamos. Tratamos de limpiar la parte externa, pero es imposible limpiar la parte interna con nuestras propias fuerzas. ¡Sólo Dios es capaz de hacerlo! Y lo hace cuando nos arrepentimos de nuestros pecados.

Conoceremos a un personaje que se veía limpio en lo externo, pero no estaba limpio por dentro.

LECCIÓN BÍBLICA

Antes de enseñar a sus alumnos, prepare la siguiente historia basada en 2 Samuel 11:1-17, 26-27; 12:1-10, 13-25.

Durante la primavera, cuando los reyes generalmente iban a la batalla, David se quedó en su casa y envió a la guerra a su siervo Joab.

Un día, cuando David estaba en la terraza de su palacio, vio a una mujer que se bañaba. Era Betsabé, la esposa de Urías. El rey la mandó llamar, ella fue al palacio y David durmió con ella. Semanas más tarde Betsabé le mandó decir al rey que estaba embarazada. David era el padre de ese bebé.

Para tratar de ocultar el mal que había hecho, David ordenó que Urías viniera del campo de batalla al palacio. El rey lo saludó y luego le dijo que fuera a su casa. David esperaba que Urías fuera a su casa para dormir con su esposa Betsabé; de esa manera dirían que él era el padre del bebé y nadie acusaría a David de ser el padre de esa criatura.

Pero Urías no fue a su casa. En lugar de eso, se quedó en la entrada del palacio con los otros sirvientes. David le preguntó a Urías por qué no había ido a su casa, y él respondió: "El arca e Israel y Judá están bajo tiendas, y mi señor Joab, y los siervos de mi señor, en el campo; ¿y había yo de entrar en mi casa para comer y beber, y a dormir con mi mujer? Por vida tuya, y por vida de tu alma, que yo no haré tal cosa". Urías mostró temor a Jehová. Honró a Dios y evitó el placer hasta que la guerra terminara.

David le pidió a Urías que se quedara un día más. Esa tarde, la desesperación del rey para ocultar su pecado era tal que hizo emborrachar a Urías. Pero, a pesar de eso, Urías se quedó con los siervos y no fue a su casa.

Entonces el rey le escribió una carta a Joab y se la envió con Urías. La carta decía: "Poned a Urías al frente, en lo más recio de la batalla, y retiraos de él, para que sea herido y muera".

Joab hizo lo que David le había ordenado. Puso a Urías en lo más recio de la batalla, contra los soldados más fuertes del ejército del enemigo. En esa batalla murieron varios soldados de David, incluyendo a Urías.

Cuando Betsabé supo que Urías había muerto, hizo luto por su esposo. Luego, David la llevó a su palacio para que fuese su esposa, y ella dio a luz un hijo. El rey creyó que había cubierto su pecado. Pero lo que hizo David fue desagradable ante los ojos de Dios.

Un día Jehová envió a Natán, un profeta, para que le hablara a David. Natán le relató al rey una historia acerca de un hombre rico y un hombre pobre. El hombre rico tenía muchas ovejas y vacas. El hombre pobre sólo tenía una corderita. El rico tenía que preparar una cena y, en lugar de tomar una oveja de su rebaño, tomó la corderita del hombre pobre.

Al oír eso, se encendió el furor de David contra el hombre rico. Le dijo a Natán que ese hombre merecía la muerte. Entonces Natán le dijo a David: "Tú eres aquel hombre".

David dijo: "Pequé contra Jehová". El rey no negó su pecado sino que lo confesó. Dios respondió y lo perdonó.

Natán le dijo: "Jehová ha remitido tu pecado; no morirás. Mas por cuanto con este asunto hiciste blasfemar a los enemigos de Jehová, el hijo que te ha nacido ciertamente morirá". David comenzó a sufrir las consecuencias de su pecado.

Después que Natán regresó a su casa, el niño se enfermó. David intercedió por el niño a Dios, ayunó y oró. Tenía esperanzas de que Dios cambiara las consecuencias, pero, después de siete días, el niño murió.

David no hizo duelo por la muerte del niño, aceptó la realidad de la muerte de su hijo, fue ante Dios y le adoró.

Meses después, David y Betsabé tuvieron otro hijo y le pusieron el nombre de Salomón. Jehová amó al niño y, por medio de Natán, les envió un mensaje para que le pusieran el nombre de Jedidías, que significa "amado de Jehová".

Pida a los alumnos que respondan las siguientes preguntas. No hay respuestas falsas o verdaderas. El propósito es ayudar a los niños para que comprendan la historia bíblica y la apliquen a su vida.

1. ¿Por qué David no fue a la guerra? ¿Por qué creen que David se quedó en su casa?

2. ¿Por qué David trató de ocultar su pecado? ¿Cuáles son aquellos pecados que muchos encubren con otros pecados?

3. ¿Cuáles eran las características distintas entre David y Urías?

4. ¿Cuál fue la respuesta de David al profeta cuando le dijo: "Tú eres aquel hombre"?

5. ¿Qué hizo David mientras su hijo estaba enfermo? ¿Qué hizo cuando murió su hijo? ¿Qué nos dicen estas dos actitudes acerca de su relación con Jehová?

6. Jehová le dijo a Natán que le pusieran a Salomón el nombre de Jedidías, que significa "amado de Jehová". ¿Por qué Jehová quiso que Salomón tuviese este nombre?

Pregunte a sus alumnos: **¿Saben qué es tentación?** Tentación es todo aquello que hace que desobedezcan a Jehová. **¿Alguna vez han caído en tentación? ¿En qué forma su pecado les afectó a ustedes y a otras personas?**

El rey David fue tentado a cometer adulterio. Tomó a la esposa de Urías y luego buscó la forma de matarlo. Cuando Natán confrontó a David, el rey se arrepintió. Le pidió perdón a Jehová y prometió que viviría para él.

Cuando David pecó, él sufrió las consecuencias pero también sufrieron los que le rodeaban. Ese pecado fue desagradable delante de Jehová. El pecado destruye nuestra relación con otros y con Dios. La buena noticia es que si nos arrepentimos, Dios nos perdonará tal como perdonó a David.

VERSÍCULO PARA MEMORIZAR

Aprenda el versículo para memorizar. Encontrará sugerencias en la página 129.

ACTIVIDADES ADICIONALES

Elija una de las siguientes opciones para que los niños estudien la Biblia.

1. Compare y muestre las diferencias entre la parábola de Natán, acerca del hombre rico y el hombre pobre, con las tres parábolas de Jesucristo en Lucas 15. ¿A quién estaba hablando Jesucristo por medio de sus parábolas? Haga un resumen del significado de cada parábola. También explique brevemente el significado de la parábola de Natán en 2 Samuel 12:1-10.

2. Repase 1 Samuel 15:1-35. Samuel confrontó a Saúl por el pecado que cometió. ¿Cómo respondió Saúl? Natán confrontó a David por el pecado que cometió. ¿Cómo respondió David? ¿Cómo detuvo David el pecado en su vida?

PREGUNTAS PARA LA COMPETENCIA (NIVEL BÁSICO)

Lea 2 Samuel 11:1-17, 26-27; 12:1-10, 13-25 para preparar a los niños y niñas para la competencia.

1 ¿Quién fue el esposo de Betsabé? (11:3)

1. **Urías**
2. Natán
3. Saúl

2 ¿Dónde durmió Urías cuando el rey lo llamó? (11:9, 13)

1. **A la entrada del palacio**
2. En su casa
3. Una noche en el palacio y la otra noche en su casa

3 ¿Qué decía la carta que envió David con Urías? (11:15)

1. "Poned a Urías al frente, en lo más recio de la batalla".
2. "Retiraos de él, para que sea herido".
3. **Ambas respuestas son correctas.**

4 ¿Qué hizo Betsabé cuando supo que Urías había muerto? (11:26)

1. **Hizo duelo por su marido.**
2. Se fue de Jerusalén.
3. Ambas respuestas son correctas.

5 En la parábola que Natán le relató a David, ¿qué tenía el hombre pobre? (12:3)

1. Una corderita

2. Una casa grande

3. Ambas respuestas son correctas.

6 En la historia de Natán, ¿a quién comparó con el hombre rico? (12:7)

1. A David

2. A Saúl

3. A Urías

7 ¿Qué hizo David cuando se enfermó su hijo? (12:15-16)

1. Rogó a Dios por el niño y ayunó.

2. Durmió día y noche.

3. Adoró a Jehová.

8 ¿Cuál fue la reacción de David cuando supo que su hijo había muerto? (12:20)

1. Ayunó y lloró.

2. Entró a la casa de Dios y adoró.

3. Preparó una fiesta en honor de su hijo.

9 ¿Cuál es el nombre que David y Betsabé le dieron a su segundo hijo? (12:24)

1. Saúl

2. Salomón

3. Jonatán

10 Termine este versículo: "Crea en mí, oh Dios, un corazón limpio, y renueva..." (Salmos 51:10).

1. "... un pacto de fe con tu pueblo".

2. "... un espíritu de paz en mí".

3. "... un espíritu recto dentro de mí".

PREGUNTAS PARA LA COMPETENCIA (NIVEL AVANZADO)

Lea 2 Samuel 11:1-17, 26-27; 12:1-10, 13-25 para preparar a los niños y niñas para la competencia.

1 ¿Dónde estaba David mientras Joab y el ejército fueron a la batalla? (11:1)

1. En Gilgal

2. En Gabaón

3. En Jerusalén

4. En Hebrón

2 ¿Por cuál mujer envió David a preguntar mientras él estaba en Jerusalén y su ejército en la batalla? (11:3)

1. Por Betsabé

2. Por Mical

3. Por Abigail

4. Por Rut

3 ¿Cuál fue la respuesta de Urías cuando David le preguntó por qué no había ido a dormir a su casa? (11:10-11)

1. "El arca e Israel y Judá están bajo tiendas".

2. "Mi señor Joab, y los siervos de mi señor, en el campo".

3. "Por vida tuya, y por vida de tu alma, que yo no haré tal cosa".

4. Todas las respuestas son correctas.

4 Pasado el luto por Urías, ¿qué hizo Betsabé? (11:27)

1. Se casó con David y dio a luz un hijo.

2. Se fue de Jerusalén.

3. Huyó a Ramadán.

4. Todas las respuestas son correctas.

5 En la parábola que Natán narró a David, ¿cuál fue el trato que el hombre pobre había dado a su corderita? (12:3)

1. Había crecido con él.

2. Había crecido con sus hijos.

3. Comía con ellos.

4. Todas las respuestas son correctas.

6 En la historia que Natán relató a David, ¿qué es lo que el hombre rico tomó del hombre pobre? (12:4)

1. Su corderita

2. Su hijo

3. Su cosecha

4. Su casa

7 ¿Qué dijo David cuando escuchó la historia de Natán? (12:5)

1. "Traigan a ese hombre ante mí".

2. "Lleven otra corderita para el hombre pobre".

3. "Vive Jehová, que el que tal hizo es digno de muerte".

4. "Déjenme solo".

8 ¿Qué dijo David después que Natán lo confrontó por su pecado? (12:13)

1. "¿Por qué me estás reprendiendo?

2. "No hice nada malo".

3. "Pequé contra Jehová".

4. "Déjenme a solas".

9 ¿Qué le dijo Natán después que David confesó su pecado? (12:13-14)

1. "Jehová ha remitido tu pecado".

2. "No morirás".

3. "El hijo que te ha nacido ciertamente morirá".

4. Todas las respuestas son correctas.

10 ¿Por qué Jehová envió a Natán para que diera el nombre de Jedidías al segundo hijo de David y Betsabé? (12:25)

1. Porque a Jehová no le gustaba el nombre de Salomón.

2. Porque Jehová sabía que ese niño sería rey.

3. Porque Jehová lo amaba.

4. Porque el nombre del padre de David era Jedidías.

VERSÍCULOS PARA MEMORIZAR

Los siguientes son los versículos para memorizar en cada lección. Puede hacer copias de esta página y distribuirlas a los niños para que estudien.

Lección 1

"Porque los ojos del Señor están sobre los justos, y sus oídos atentos a sus oraciones; pero el rostro del Señor está contra aquellos que hacen el mal"
(**1 Pedro 3:12**).

Lección 2

"Porque yo honraré a los que me honran, y los que me desprecian serán tenidos en poco"
(**1 Samuel 2:30**).

Lección 3

"No hay santo como Jehová; porque no hay ninguno fuera de ti, y no hay refugio como el Dios nuestro"
(**1 Samuel 2:2**).

Lección 4

"Oh Dios, santo es tu camino; ¿qué dios es grande como nuestro Dios?"
(**Salmos 77:13**).

Lección 5

"Buscad a Jehová y su poder; buscad su rostro continuamente. Haced memoria de las maravillas que ha hecho, de sus prodigios, y de los juicios de su boca"
(**1 Crónicas 16:11-12**).

Lección 6

"Porque Dios es el Rey de toda la tierra; cantad con inteligencia"
(**Salmos 47:7**).

Lección 7

"Solamente temed a Jehová y servidle de verdad con todo vuestro corazón, pues considerad cuán grandes cosas ha hecho por vosotros"
(**1 Samuel 12:24**).

Lección 8

"Pues no es difícil para Jehová salvar con muchos o con pocos"
(**1 Samuel 14:6**).

Lección 9

"Y Samuel dijo: ¿Se complace Jehová tanto en los holocaustos y víctimas, como en que se obedezca a las palabras de Jehová? Ciertamente el obedecer es mejor que los sacrificios, y el prestar atención que la grosura de los carneros"
(**1 Samuel 15:22**).

Lección 10

"Porque Jehová no mira lo que mira el hombre; pues el hombre mira lo que está delante de sus ojos, pero Jehová mira el corazón"
(**1 Samuel 16:7**).

Lección 11

"Ninguno tenga en poco tu juventud, sino sé ejemplo de los creyentes en palabra, conducta, amor, espíritu, fe y pureza" (**1 Timoteo 4:12**).

Lección 12

"No nos hagamos vanagloriosos, irritándonos unos a otros, envidiándonos unos a otros" (**Gálatas 5:26**).

Lección 13

"Jehová es bueno, fortaleza en el día de la angustia; y conoce a los que en él confían" (**Nahum 1:7**).

Lección 14

"No seas vencido de lo malo, sino vence con el bien el mal" (**Romanos 12:21**).

Lección 15

"Si es posible, en cuanto dependa de vosotros, estad en paz con todos los hombres" (**Romanos 12:18**).

Lección 16

"Ahora pues, Jehová Dios, tú eres Dios, y tus palabras son verdad, y tú has prometido este bien a tu siervo" (**2 Samuel 7:28**).

Lección 17

"Jehová es mi pastor; nada me faltará. En lugares de delicados pastos me hará descansar; junto a aguas de reposo me pastoreará. Confortará mi alma; me guiará por sendas de justicia por amor de su nombre" (**Salmos 23:1-3**).

Lección 18

"Aunque ande en valle de sombra de muerte, no temeré mal alguno, porque tú estarás conmigo; tu vara y tu cayado me infundirán aliento" (**Salmos 23:4**).

Lección 19

"Aderezas mesa delante de mí en presencia de mis angustiadores; unges mi cabeza con aceite; mi copa está rebosando. Ciertamente el bien y la misericordia me seguirán todos los días de mi vida, y en la casa de Jehová moraré por largos días" (**Salmos 23:5-6**).

Lección 20

"Crea en mí, oh Dios, un corazón limpio, y renueva un espíritu recto dentro de mí" (**Salmos 51:10**).

ACTIVIDADES SUGERIDAS PARA LA MEMORIZACIÓN DE VERSÍCULOS

Elija de las siguientes actividades para ayudar a los niños a aprender el versículo para memorizar.

1 Pida a los niños que se sienten en una línea recta. Dígale al primer niño que se ponga de pie, que diga la primera palabra del versículo, que mueva ambas manos en el aire en forma animada y que se siente. Pídale al segundo niño que se ponga de pie, que diga la segunda palabra del versículo, que mueva ambas manos en el aire en forma animada y que se siente. Continúen hasta completar el versículo. Si un niño olvida una palabra o dice una palabra incorrecta, permita que los otros digan la palabra correcta. Anime a los niños a decir el versículo rápidamente de manera que sus movimientos se vean como una ola del mar.

2 Para esta actividad necesitará un pizarrón, pizarra para marcadores o papel.

Escriba el versículo para memorizar en el pizarrón o pizarra para marcadores. Pida a los niños que reciten el versículo. Permita que un niño borre una palabra, y luego pida a los niños que repitan el versículo. Continúen hasta que hayan borrado todas las palabras y los niños digan el versículo de memoria.

Si no consigue un pizarrón o una pizarra para marcadores, escriba cada palabra del versículo por separado en un pedazo de papel. Luego pida a los niños que quiten una palabra a la vez.

3 Prepare los papeles y escóndalos con anticipación para esta actividad.

Escriba cada palabra del versículo para memorizar por separado en un pedazo de papel. Esconda las palabras en distintos lugares del salón. Pida a los niños que las encuentren y que las pongan en el orden correcto. Repitan el versículo para memorizar.

4 Llame a dos niños que piensan que saben de memoria el versículo y pídales que se paren espalda contra espalda. Pida que uno de ellos diga la primera palabra del versículo y que el otro diga la siguiente. Los niños se turnarán para decir las palabras hasta que uno se equivoque. El que cometió el error se sienta. El niño que queda es el campeón. Luego pida a toda la clase que repita el versículo para memorizar. Después escoja a otro rival para que compita contra el campeón.

5

Para esta actividad necesitará una venda para los ojos.

Pida a los niños que se paren formando un círculo amplio. Elija a un niño o niña para que se pare en el centro del círculo. Póngale la venda. Diga a los niños que están en el círculo que se tomen de la mano y caminen alrededor del círculo mientras dicen: "La Palabra de Dios me ayuda cada día". Haga que los niños caminen y repitan esta frase dos veces. Esto impedirá que quien está en el centro recuerde dónde estaba parado cada niño en el círculo. Una vez que los niños en el círculo se detengan, el niño en el centro apuntará a un niño para que diga el versículo bíblico. Indíquele al niño que dirá el versículo que trate de cambiar la voz, hablando en un tono agudo y chillón, o con una voz grave y profunda. El niño en el centro tratará de adivinar quién dijo el versículo. Si no adivina correctamente, apuntará a otro niño que dirá el versículo. Continúen hasta que el niño en el centro adivine el nombre correcto, o hasta que se equivoque tres veces. Luego elija a otro niño o niña para que se pare en el centro.

6

Necesitará una bola pequeña para esta actividad.

Indique a los niños que se paren formando un círculo. El primer alumno dice la primera palabra y le lanza la pelota a otro. Éste dice la primera y la segunda palabra, y luego le tira la pelota a otro niño. Los niños continúan pasando la bola alrededor del círculo. Cada niño repite el versículo agregando otra palabra, hasta que los niños recitan el versículo completo. Anímelos a lanzar la pelota lo más rápido que puedan.

7

Para esta actividad necesitará tarjetas para fichas o papel.

Escriba una actividad distinta en cada tarjeta para ficha, por ejemplo: girar en círculo, acostarse en el suelo, darse palmaditas en la cabeza, subirse a una silla, saltar por el salón, pararse en una esquina, susurrar, gritar, y decírselo a un amigo o amiga en la clase. Pida a cada niño o niña que escoja una de las tarjetas y que realice la actividad mencionada allí mientras recita el versículo para memorizar.

HOJA DE ASISTENCIA

Escriba los nombres de los niños en los espacios provistos. Coloque una X en la columna por cada lección a la que asista el niño. Si necesita más espacios, puede hacer copias de esta hoja de asistencia.

NOMBRE	1	2	3	4	5	6	7	8	9	10	11	12	13	14	15	16	17	18	19	20

Tabla de Puntaje del Esgrima Infantil

Instrucciones:

En el Esgrima Básico se usan las preguntas 1-15. En el Esgrima Avanzado se usan 20 preguntas. Lea las Reglas y Procedimientos Oficiales para ver las instrucciones completas.

Iglesia/Nombre del Equipo: _____

Nombres:	Vuelta 1	1	2	3	4	5	6	7	8	9	10	11	12	13	14	15	16	17	18	19	20	Total
Puntos Adicionales del Equipo:																						

Puntaje Total del Equipo

Nombres:	Vuelta 2	1	2	3	4	5	6	7	8	9	10	11	12	13	14	15	16	17	18	19	20	Total
Puntos Adicionales del Equipo:																						

Puntaje Total del Equipo

Nombres:	Vuelta 3	1	2	3	4	5	6	7	8	9	10	11	12	13	14	15	16	17	18	19	20	Total
Puntos Adicionales del Equipo:																						

Puntaje Total del Equipo

www.ingramcontent.com/pod-product-compliance
Lightning Source LLC
Chambersburg PA
CBHW081541040426
42448CB00015B/3175